40/4

*Collection dirigée par Denis Merle*

MARIVAUX

# Le Jeu de l'amour et du hasard

**40 QUESTIONS**
**40 RÉPONSES**
**4 ÉTUDES**

**par Hubert DEVYS**
Agrégé de Lettres classiques

ellipses

première page

## *Dans la collection 40/4*

■ *ANOUILH, Antigone* ■ *BALZAC, Le Père Goriot* ■ *BEAUMARCHAIS, Le Barbier de Séville* ■ *BEAUMARCHAIS, Le Mariage de Figaro* ■ *CAMUS, La Chute* ■ *CICÉRON, Tusculanes, II* ■ *COCTEAU, La Machine infernale* ■ *GIRAUDOUX, Électre* ■ *GOGOL, Nouvelles de Pétersbourg* ■ *HUGO, Les Châtiments* ■ *HUGO, Hernani* ■ *HUGO, Ruy Blas* ■ *Maîtres et valets dans la comédie française du XVIII^e^ siècle* ■ *MALRAUX, La Condition humaine* ■ *MALRAUX, L'Espoir* ■ *MARIVAUX, L'Île des esclaves* ■ *MARIVAUX, Le Jeu de l'amour et du hasard* ■ *MAUPASSANT, Bel-Ami* ■ *MAUPASSANT, Boule de Suif* ■ *MAUPASSANT, Pierre et Jean* ■ *MAUPASSANT, Une vie* ■ *MOLIÈRE, Le Misanthrope* ■ *MOLIÈRE, Les Femmes savantes* ■ *MUSSET, On ne badine pas avec l'amour* ■ *Le Mythe antique dans le théâtre du XX^e^ siècle – Œdipe, Antigone, Électre* ■ *OVIDE, Métamorphoses, X* ■ *QUENEAU, Les Fleurs bleues* ■ *RACINE, Phèdre* ■ *RENOIR, La Règle du jeu* ■ *ROUSSEAU, Les Confessions, Livres I à IV* ■ *SENGHOR, Éthiopiques* ■ *VOLTAIRE, Candide* ■ *ZOLA, L'Assommoir* ■ *ZOLA, Au Bonheur des dames* ■ *ZOLA, Germinal* ■

ISBN 2-7298-6917-4

# ■ PRÉSENTATION

## MARIVAUX EN 1730

Marivaux est resté très discret sur sa vie qui nous est encore très mal connue.

**Il est né à Paris en 1688** et s'appelait Pierre Carlet ; il signera ses œuvres du pseudonyme Carlet de Marivaux dès 1716. Il appartenait à la bourgeoisie des fonctionnaires et financiers : son père, Nicolas Carlet, sera directeur de la Monnaie à Riom ; quant à sa mère, Marie Bullet, elle est sœur et tante d'architectes célèbres et fortunés. Après avoir vécu à Paris ses dix premières années, Marivaux rejoint son père à Riom, où il poursuit ses études. Puis il rentre à Paris pour faire des études de droit qu'il interrompt bientôt : **il a pris la décision**, inhabituelle au début du XVIII$^{e}$ siècle, **de vivre de son œuvre littéraire**.

Très jeune il a écrit une comédie *(Le Père prudent et équitable)* et deux romans. Il se fait connaître du public parisien par une série d'œuvres satiriques et parodiques, et participe au combat des « Modernes » contre les « Anciens » Il se lance dans le journalisme avec *Le Spectateur français*. **Son œuvre reflète ainsi l'essentiel de la vie intellectuelle** du début du XVIII$^{e}$ siècle.

Marivaux se marie en 1717 avec Colombe Bologne, qui mourra en 1723 et dont il aura une fille. En 1719, il essaie en vain de succéder à son père dans sa charge, puis, ruiné par la faillite de Law, devient avocat. Mais son succès grandissant lui permet de se consacrer à la création littéraire. **Sans se séparer de son milieu social d'origine, il n'en est plus qu'observateur**, lucide, mais sans acrimonie.

À partir d'*Arlequin poli par l'amour* (1720), **Marivaux écrit la plupart de ses pièces pour les Comédiens-Italiens**, que le Régent a fait rentrer en France dès 1716. Jouant de la spontanéité et de la liberté de leur jeu, il se sépare de la tradition du comique de Molière. Il leur donne donc *La Surprise de l'amour* (1722), *La Double Inconstance* (1723), *Le Prince travesti*, *La Fausse Suivante* (1724), *L'Île des esclaves* et *L'Héritier de village* (1725). *Le Jeu de l'amour et du hasard* est créé en janvier 1730. Ensuite, Marivaux reviendra à la création romanesque en alternance avec ses comédies. Il sera élu à l'Académie française en 1742, et **mourra, pauvre, en 1763**.

## ❑❑❑❑❑❑❑❑❑ 40 QUESTIONS ❑❑❑❑❑❑❑❑❑

1 Ou l'action est-elle située ?

2 Qui est Silvia ?

3 Quels sont les premiers mots de la pièce ? (I, 1)

4 Qui est Lisette ? (I, 1)

5 Pourquoi Silvia se méfie-t-elle du mari qu'on lui propose ? (I, 1)

6 Quel est l'intérêt des portraits que Silvia entreprend à la fin de la première scène ? (I, 1)

7 Comment se présente monsieur Orgon ? (I, 2)

8 Quand Mario entre-t-il en scène ? (I, 3)

9 Pourquoi Dorante et Silvia se travestissent-ils ? (I, 2-4)

10 Comment Dorante trahit-il sa condition réelle ? (I, 6)

11 Pourquoi Dorante adopte-t-il le nom de Bourguignon et non celui de son domestique Arlequin ? (I, 6)

12 Pourquoi la première conversation privée entre Dorante et Silvia est-elle si longue ? (I, 7)

13 Le projet d'épouser un « homme de condition » est-il vraisemblable chez une servante ? (I, 7)

14 Quelle est la fonction des apartés dans la scène 7 ? (I, 7)

15 Qui est Arlequin ? (I, 8)

16 Comment Arlequin trahit-il sa condition réelle ? (I, 8)

17 Quand Lisette rencontre-t-elle Arlequin ? (II, 1)

18 Quels ordres monsieur Orgon donne-t-il à Lisette ? (II, 2)

19 De qui s'inspire Arlequin lorsqu'il courtise Lisette ? (II,2-5)

20 Pourquoi Dorante intervient-il à la scène 4 ? (II, 4)

21 L'attitude d'Arlequin change-t-elle après l'intervention de Dorante ? (II, 5)

22 Pourquoi Arlequin et Lisette avouent-ils à demi-mot leur condition réelle ? (II, 5)

23 Pourquoi Silvia défend-elle Bourguignon contre Lisette ? (II, 7)

**24** Que manifeste le trouble de Silvia ? (II, 7)

**25** Que signifie ce tutoiement auquel Silvia veut renoncer ? (II, 9)

**26** Comment, à deux reprises, Silvia parvient-elle à relancer une conversation qui paraissait sans issue ? (II, 9)

**27** À quoi tient la souffrance de Dorante ? (II, 9)

**28** Pourquoi l'intervention de monsieur Orgon et de Mario est-elle importante ici ? (II, 9-10)

**29** Comment monsieur Orgon et Mario se partagent-ils les rôles dans leur intervention auprès de Silvia ? (II, 11)

**30** Lorsque Dorante a avoué son identité, que signifie l'aparté de Silvia : « Ah ! Je vois clair dans mon cœur. » ? (II, 12)

**31** Pourquoi Silvia ne révèle-t-elle pas son identité dès que Dorante lui a avoué la sienne ? (II, 12)

**32** Pourquoi Mario interdit-il à Dorante de courtiser « Lisette » ? (III, 2 et 3)

**33** En quoi l'arrivée de « Lisette » modifie-t-elle les réactions de Dorante ? (III, 3)

**34** À travers quelles images Lisette et Silvia désignent-elles la conquête de l'homme qu'elles désirent épouser ? (III, 4 et 5)

**35** Par quels détours les deux valets s'avouent-ils mutuellement leur condition ? (III, 6)

**36** Pourquoi Arlequin ne révèle-t-il pas a son maître le travestissement de Lisette ? (III, 7)

**37** Par quels moyens Silvia cherche-t-elle à persuader Dorante de l'écouter ? (III, 8)

**38** Comment Silvia s'y prend-elle pour manifester à Dorante l'inégalité de leurs engagements respectifs ? (III, 8)

**39** En quoi consiste le bonheur de Dorante dans les dernières scènes ? (III, 8 et 9)

**40** Peut-on dire qu'à la fin de la pièce le jeu est achevé ? (III, 9)

N.B. Les références indiquées ici sont celles de l'édition des Classiques Garnier, qui suit la tradition des éditeurs à partir de 1730 et coupe les scènes à chaque entrée ou sortie de personnage. Dans l'édition originale, la scène 3 de l'acte I débutait à la sortie de Lisette et s'achevait au retour de Silvia costumée en femme de chambre. Si l'on dispose d'une édition conforme à l'édition originale, il convient donc de rechercher en I, 3 ; I, 4 ; I, 5 etc. les références que l'on trouvera notées en I, 4 ; I, 5 ; I, 6 etc. Pour les autres actes, les références sont identiques.

# ■■■■■■■ 40 RÉPONSES ■■■■■■■

## 1 OÙ L'ACTION EST-ELLE SITUÉE ?

***La didascalie initiale précise que « la scène est à Paris ».***

La situation de l'action à Paris contribue à lui conférer **un caractère réaliste**. Le nom d'Orgon qui, au théâtre, est traditionnellement accordé aux pères de famille (penser au personnage du *Tartuffe* de Molière), devient alors celui d'un bourgeois banal grâce à l'adjonction d'un « Monsieur » qui l'inscrit clairement dans un système social. Le nom de Bourguignon que porte Dorante est également conforme à la réalité : les domestiques sont souvent désignés par le nom de leur province d'origine. Arlequin et Dorante venant de province, les incongruités de la conduite du valet travesti peuvent d'abord passer pour des balourdises provinciales ; en outre Dorante doit pouvoir revêtir une livrée de domestique sans crainte d'être reconnu. « Monté » à Paris, démuni de tous les avantages que lui valent d'ordinaire sa fortune et son rang, il est dépouillé de son masque social. Silvia, jeune Parisienne évoluant dans sa propre maison, possède sur lui un avantage non négligeable.

Mais la consultation de la didascalie initiale permet de constater aussi plusieurs noms d'origine italienne, ceux de Mario et Silvia, ainsi que celui d'Arlequin. Ces noms renvoient clairement le spectateur ou le lecteur à **la tradition du Théâtre-Italien**. Ils introduisent dans l'action la distance du théâtre, et l'invitent ainsi à juger par lui-même, à ne pas être entièrement dupe de ce qui lui est montré : le « jeu » dont il s'agit échappe à la vraisemblance ; il ne serait guère crédible en dehors de la scène ? D'ailleurs ce « Paris » se réduit en fait à la maison de monsieur Orgon. Le spectateur n'en connaîtra qu'une salle basse où chacun est susceptible de passer, où l'on accueille les nouveaux venus ; au même étage, apprendra-t-on plus tard, se trouve l'appartement réservé à Dorante (I, 6) ; à l'étage supérieur, ceux de Silvia et de monsieur Orgon. **Ce lieu isolé permet aux personnages d'échapper au poids de la réalité sociale**.

## 2 QUI EST SILVIA ?

***Silvia, fille de monsieur Orgon, porte le nom de l'actrice qui incarna le rôle à la création de la pièce.***

**Silvia est la fille de monsieur Orgon**. Issue sans doute de la bourgeoisie aisée plutôt que de l'aristocratie, elle est une jeune fille de qualité, convaincue que sa physionomie ne peut qu'intimider les valets (I, 5). Elle a été élevée par son père après la mort de sa mère, ce qui explique sans doute leurs relations de tendresse ; elle jouit donc d'une situation privilégiée qui fait d'elle la maîtresse de la maison. Cette très jeune fille que rien ni personne n'a pu préparer à son futur rôle de femme mariée, ni à la rencontre de l'amour aborde donc cette transition inéluctable avec toute la vivacité, l'émotion de son âge et l'amour-propre de sa condition.

Mais **le nom de Silvia est aussi celui de l'actrice pour laquelle Marivaux a écrit le rôle**. Zanetta Benozzi avait alors trente ans et était devenue, sous le nom de Silvia, la première amoureuse de la troupe (cf. étude 1). Elle avait la réputation de pouvoir jouer tous les rôles, aussi bien celui de la paysanne naïve que Marivaux lui destine dans *La Double Inconstance* que celui de la jeune fille de qualité qu'elle incarne ici, ou même des rôles de femmes âgées... ou d'hommes. Le procédé du déguisement qu'imagine le personnage correspond donc parfaitement aux capacités de l'actrice.

Cette actrice avait la réputation d'être parfaitement adaptée aux comédies de Marivaux. Les témoignages de l'époque insistent sur la vivacité de sa diction et de son jeu, en accord avec la tradition des Italiens. On retrouve chez le personnage la volubilité de l'actrice à qui Marivaux offre un rôle susceptible de mettre en valeur ses qualités. Il faut, à la lecture de la pièce, **imaginer ce que cette « star » a pu imposer à la pièce**. En tous cas, sa vivacité interdit d'en faire une amoureuse tourmentée. On comprend mieux en revanche le plaisir du « jeu » qui la conduit à masquer encore son identité au troisième acte, alors que Dorante a avoué la sienne.

## 3 QUELS SONT LES PREMIERS MOTS DE LA PIÈCE ? (I, 1)

***Dans la première réplique de la pièce, s'adressant à Lisette, Silvia s'écrie : « Mais encore une fois, de quoi vous mêlez-vous ? »***

**La pièce s'ouvre** donc ***in medias res*** (en pleine action). La conjonction « mais » donne au spectateur l'illusion qu'il assiste à la suite d'une conversation commencée avant le lever de rideau ; la précision « encore une fois » y renvoie clairement. Ce procédé permet de ménager une impression de naturel : les personnages sont censés avoir une existence qui se prolonge en dehors de la scène. En outre le dialogue entre les deux jeunes filles est maintenant animé par une divergence vive qui met en valeur le caractère de Silvia et permet de présenter avec plus de vivacité le sujet de la discussion.

Au théâtre, **la scène d'exposition doit** en effet **présenter les personnages et l'intrigue**. Le spectateur est donc en droit de penser que cette conversation lui permettra de découvrir le thème de la pièce. Or Lisette explique à Silvia : « Monsieur votre père me demande si vous êtes bien aise qu'il vous marie.» S'agit-il donc encore de condamner le mariage arrangé par les parents contre le vœu de leurs enfants, amoureux d'une autre personne ? On découvre en fait que, contrairement à ce thème classique, monsieur Orgon se soucie de l'opinion de sa fille, qui, d'ailleurs, ne s'« ennuie pas d'être fille ». La première hypothèse du spectateur est donc vaine.

**Un thème majeur** de la pièce apparaît pourtant ici : **l'originalité de Silvia** dont le cœur n'est « fait comme celui de personne ». Lisette représente le peuple, l'ensemble des jeunes filles de son âge, qui aspirent à trouver dans un mari une situation sociale et le bonheur d'être aimées : « aimable, bien fait, voilà de quoi vivre pour l'amour ; sociable et spirituel, voilà pour l'entretien de la société » ; elle est convaincue que « [s]on cœur est fait comme celui de tout le monde », qu'elle représente la norme. Au contraire la pensée de Silvia lui semble « bien hétéroclite ». Mais cette originalité est revendiquée par Silvia qui s'insurge orgueilleusement : « ce n'est pas à vous de juger de mon cœur par le vôtre ». Cependant cet amour-propre est aussi source d'inquiétude, puisque Lisette semble la seule jeune fille proche de Silvia ; faute de références, celle-ci nous apparaît donc très démunie.

## 4 QUI EST LISETTE ? (I, 1)

***Lisette est, comme l'indique la didascalie initiale, la « femme de chambre de Silvia ».***

**Lisette est d'abord une simple domestique.** Dans la première scène elle nomme sa maîtresse « Madame », titre donné par respect à une jeune fille ; et elle se fait appeler par son prénom. Silvia passe à son égard du vouvoiement au tutoiement agacé (« c'est que tu n'as pas dit vrai ») ; elle use même de la troisième personne : « Je vous dis que, si elle osait, elle m'appellerait une originale. » Ce passage d'une personne à l'autre manifeste la distance qui sépare la maîtresse de la servante. Silvia n'hésite pas à user de son autorité pour s'imposer : « vous travaillez à me fâcher, Lisette. »; « Tu ne sais ce que tu dis ».

Lisette se soumet donc (« Ce n'est pas mon dessein ») ; mais elle ose aussi tenir parfois tête à Silvia. À la différence des autres domestiques, la femme de chambre vit dans l'intimité de sa maîtresse ; elle joue donc naturellement **le rôle traditionnel de la confidente**. Silvia, orpheline, ne peut se confier à sa mère comme Angélique, dans *La Mère confidente*, autre comédie de Marivaux ; elle ne voit dans le monde extérieur que mensonge et dissimulation (cf. fin de la scène 1) ; elle ne peut pas non plus faire de confidences à des hommes, quelle que soit la bienveillance de son père et de son frère à son égard. L'intimité des deux jeunes filles s'impose donc comme une nécessité.

En outre Lisette a l'âge de Silvia ; elle est « fille ». Leur conversation porte donc naturellement sur le mariage, sur les hommes dont elles font le portrait. Silvia reconnaît à la scène 2 que « Lisette a de l'esprit ». Lorsque, à la fin de la scène 2, elle lui dit ironiquement : « vous serez contente, Marquise », cette hyperbole traduit la **connivence des deux jeunes filles** et le plaisir qu'elles trouvent l'une comme l'autre à leur travestissement.

D'ailleurs, Lisette et Silvia portent à peu près les mêmes vêtements : il ne faut à Silvia « presque qu'un tablier » pour avoir l'air de sa suivante. Tout se passe comme si ces deux jeunes filles si proches incarnaient **les deux visages opposés d'une même figure féminine** : l'une attirée par les hommes et les plaisirs, soucieuse d'être comme tout le monde, et l'autre inquiète devant son avenir et ses propres sentiments, convaincue de l'originalité de sa personnalité.

## 5 POURQUOI SILVIA SE MÉFIE-T-ELLE DU MARI QU'ON LUI PROPOSE ? (I, 1)

***Silvia affirme avoir peur qu'il ne lui convienne pas ; mais elle est peut-être plus encore inquiète de ses propres sentiments.***

**Silvia ne connaît son futur époux que par sa réputation.** Lisette a fait de lui un portrait élogieux : « On dit que votre futur est un des plus honnêtes du monde, qu'il est bien fait, aimable, de bonne mine, qu'on ne peut pas avoir plus d'esprit, qu'on ne saurait être d'un meilleur caractère. ». Il n'en faut pas plus à la suivante pour s'enthousiasmer : « Peut-on se figurer de mariage plus doux, d'union plus délicieuse ? » Avant même que l'idée du travestissement n'ait été évoquée, Lisette se projette donc dans la situation de sa maîtresse ; lorsqu'elle remarque : « il n'y a presque point de fille [...] qui ne fût en danger de l'épouser sans cérémonie », c'est bien d'elle qu'elle parle, en se posant ainsi en rivale de sa maîtresse. Pour Silvia au contraire, tous ces superlatifs, de mise dans le discours social de l'époque, ne sont que des « *on-dit* ». Consciente de son originalité, elle ajoute : « Je pourrais bien ne pas être de ce sentiment-là, moi » : le pronom personnel, nettement mis en valeur, souligne son indépendance.

Silvia oppose donc à toutes ces qualités supposées, introduites par un « on dit que... » prudent, **son expérience personnelle** : « volontiers un bel homme est fat, je l'ai remarqué. » Sans être plus original, ce jugement correspond à l'idée qu'elle se fait du mariage : « dans le mariage, on a plus souvent affaire à l'homme raisonnable qu'à l'aimable homme » ; le chiasme souligne le caractère sentencieux de cette affirmation, parfaitement gratuite elle aussi, étant donné le manque d'expérience de Silvia. Pour elle, le mariage est une union sociale ; il ne suppose aucun sentiment.

Plus qu'une réflexion raisonnable, on peut **voir dans cette inquiétude de Silvia un signe d'immaturité** : cette très jeune fille est « bien élevée » ; elle a appris à se méfier des sentiments et des passions ; elle s'inquiète aussi de ses propres désirs. L'adjectif « délicieuse » utilisé par Lisette est aussitôt contesté : « que tu es folle avec tes expressions ! » ; c'est que l'idée même du plaisir lui semble dangereuse : « Il est bel homme, dit-on, et c'est presque tant pis. » Silvia semble d'abord craindre une beauté qui la mettrait en péril d'éprouver de l'amour ; la crainte de la fatuité ne sera évoquée qu'*a posteriori*.

## 6 QUEL EST L'INTÉRÊT DES PORTRAITS QUE SILVIA ENTREPREND À LA FIN DE LA PREMIÈRE SCÈNE ? (I, 1)

***Dénonçant la duplicité des hommes, ces portraits fondent les inquiétudes de Silvia ; ils autorisent aussi le travestissement qui doit permettre de découvrir la vérité.***

Pour justifier aux yeux de Lisette, mais aussi aux siens, l'inquiétude qu'elle éprouve, Silvia a besoin de peindre son futur époux sous les traits les plus sombres. Ne sachant rien de lui, elle esquisse trois portraits successifs auxquels elle accorde **une fonction généralisante**. Elle refuse donc à son époux prétendu l'originalité qu'elle revendique pour elle-même.

Ces trois portraits sont en effet présentés selon **une double gradation**. Ergaste a une « physionomie » mensongère, un « masque qu'il prend au sortir de chez lui » ; il terrorise sa famille entière ; mais on pourrait penser qu'il suffit de le démasquer pour découvrir sa véritable personnalité. Léandre n'est plus qu'une « figure », un personnage fantomatique qui fait le malheur de sa femme. Avec Tersandre, le portrait se fait plus proche : l'anecdote racontée est récente et vécue par Silvia qui s'identifie à la malheureuse femme, et qui généralise : « songe à ce que c'est qu'un mari. » La conversation se finit donc comme elle avait commencé au début de la scène : Silvia donne une valeur générale à sa propre opinion, comme elle avait reproché à Lisette de le faire. Celle-ci, dont les sentiments sont tout autres à l'égard du mariage, ne le supporte pas et finit la scène sur une pirouette qui annonce la solution heureuse de la comédie : « Un mari ? c'est un mari ».

Ces trois portraits affirment donc **l'existence hors-scène d'une société** que Silvia fréquente et qu'elle connaît. Ils constituent un appel à la connivence du spectateur qui, reconnaissant un proche, peut être tenté d'adopter le point de vue de Silvia et de reconnaître la pertinence de cette satire. Mais cette peinture d'une société où tout est masque remet également en cause la condamnation morale du mensonge. Si tout est mensonge dans le monde, il devient licite de prendre un masque à son tour pour découvrir la vérité. La fin de la première scène annonce donc et justifie à l'avance la proposition que fera Silvia à la scène 2.

## 7 COMMENT SE PRÉSENTE MONSIEUR ORGON ? (I, 2)

***Monsieur Orgon se présente dès sa première apparition comme un père bienveillant.***

Le nom d'Orgon est traditionnel dans la comédie. Ce nom de barbon reçoit ici une connotation plus réaliste à travers le titre de « Monsieur », qui lui donne une allure plus bourgeoise que théâtrale. Dès son apparition, ce bon père développe **le thème de la tendresse familiale**, caractéristique de sa classe sociale, et qui aura une telle faveur dans le drame bourgeois. Son apostrophe : « Eh bonjour, ma fille » est tout à fait bonhomme : le possessif traduit une relation d'affection, confirmée ensuite par le souci du « plaisir » de Silvia, que son père tutoie avec familiarité. Il lui dira un peu plus loin : « tiens, ma chère enfant, tu sais combien je t'aime » et précisera : « dans ce monde, il faut être un peu trop bon pour l'être assez ».

Loin de refuser de l'entendre, **il est à l'écoute des réactions de sa fille**. Ainsi sa première réplique dans la scène 2 suppose un jeu de scène muet : pour ce père attentif, le silence de Silvia ne saurait manifester la soumission : « tu ne me réponds rien, tu me parais triste » ; il s'inquiète donc et demande des explications à Lisette pour ménager la pudeur de sa fille. Et lorsque Lisette propose un compte rendu absurde des propos de sa maîtresse, il ne s'arrête pas à la caricature, mais avec une affection lucide il conclut : « De tout cela, ma fille, je comprends que le mariage t'alarme, d'autant plus que tu ne connais point Dorante. »

Nous sommes donc bien loin de l'image des pères autoritaires que Molière a dépeints dans ses comédies. Pourtant monsieur Orgon utilise le langage de l'autorité : il a « arrêté » (décidé) le mariage de sa fille, il exprime ses « conditions », précise : « je te défends ». Mais **c'est** justement **la liberté qu'il impose**, l'obéissance soumise, la « complaisance » qu'il interdit. On ne saurait remettre en cause plus radicalement le cliché traditionnel.

Comment donc interpréter le plaisir qu'il manifeste à la proposition de Silvia ? On peut y voir une ironie bienveillante et taquine, devant cette idée « plaisante ». Mais, évoquant « quelque chose de bien singulier » qui doit se produire, n'espère-t-il pas déjà la naissance de cet amour sincère dont Silvia à l'acte II et Dorante à la fin de la pièce se montreront tellement heureux ? **C'est par tendresse qu'il lance le jeu** et se pose en metteur en scène.

## 8 QUAND MARIO ENTRE-T-IL EN SCÈNE ? (I, 3)

***Mario entre en scène lorsque Silvia sort pour se costumer en servante.***

Lorsque Silvia annonce son projet à son père, monsieur Orgon remarque **à part** : « Si je la laisse faire, il doit arriver quelque chose de bien singulier, elle ne s'y attend pas elle-même... » Cet aparté est le premier de la pièce ; il souligne la volonté de cacher une information à un personnage ; il signale aussi au spectateur qu'une partie de l'information lui échappe encore. Mais, en insistant sur l'urgence des préparatifs (« Dorante peut nous surprendre, hâtez-vous... »), monsieur Orgon annonce l'imminence de l'action. Il faut donc achever rapidement l'exposition en annonçant le travestissement parallèle de Dorante et Arlequin. Ceux-ci ne peuvent arriver en même temps chez monsieur Orgon (cf. question 15) et y parler librement. Marivaux a donc recours à la technique romanesque de la lettre qui permet de donner parallèlement la parole au père de Dorante, tout en maintenant la distance nécessaire. Mais une lecture sous forme de monologue aurait été fastidieuse et artificielle ; le personnage de Mario lui donne une justification vraisemblable. Dès la scène 3, son dialogue avec son père permet à Marivaux d'insérer des commentaires sur l'étrangeté de l'action qui s'engage.

En outre, Mario découvre la situation en même temps que le spectateur ; comme lui, il est tenu « d'être discret ». Il partage aussi les mêmes attentes, imaginant le déroulement de l'intrigue : « peut-être que Dorante prendra du goût pour ma sœur, toute soubrette qu'elle sera ». Et **le spectateur,** prisonnier de son fauteuil **pourra se projeter dans ce personnage** qui veut se « trouver au début et les agacer tous deux ».

Ainsi, **à la scène 4 l'exposition est terminée**. Le « Doucement, on vient. » de monsieur Orgon à la fin de la scène 5 semble sonner les trois coups de la « comédie » que vont se jouer les deux jeunes gens. Silvia se croit encore maîtresse de la situation. En fait, depuis qu'elle est entrée déguisée en femme de chambre, elle est devenue un personnage que Mario et monsieur Orgon traitent avec ironie, multipliant les remarques à double sens : « Allons doucement ma sœur, ce faquin-là sera votre égal [...] — Et ne manquera pas de t'aimer. »

## 9 POURQUOI DORANTE ET SILVIA SE TRAVESTISSENT-ILS ? (I, 2-4)

***Les deux jeunes gens demandent le droit de se travestir pour s'examiner mutuellement avant de prendre la décision d'accepter ou non le mariage.***

Lorsque **Silvia** demande à son père le droit de se travestir, elle **dit vouloir observer Dorante**, « l'examiner un peu sans qu'il [la] connût ». Quant à Dorante, « il espère, dit-il, sous ce déguisement de peu de durée, saisir quelques traits du caractère de notre future et la mieux connaître, pour se régler ensuite sur ce qu'il doit faire » (I, 4). Pour ces deux jeunes gens, il n'est pas question de sentiment amoureux : à leurs yeux le mariage est un contrat qui doit être mûrement réfléchi. Dans la formulation de Silvia, l'oxymore « examiner un peu » traduit une certaine gêne ; mais Marivaux prend soin de gommer tout jugement négatif sur cette conduite soupçonneuse. L'un et l'autre adoptent ce déguisement « pour un peu de temps » ; ils demandent tous deux l'autorisation de leurs pères, qui reconnaissent la délicatesse du motif. La franchise avec laquelle le père de Dorante prévient monsieur Orgon témoigne de l'honnêteté du procédé. Les deux jeunes gens prétendent donc se placer dans les coulisses de ce théâtre social que dénonçait Silvia, pour en découvrir les mensonges ; en revêtant une « figure » illusoire, ils veulent découvrir la vérité des « caractères ». Et le choix de la livrée de domestique les fait entrer dans la catégorie de ceux qui regardent, et que l'on ne voit pas.

Mais ils ignorent qu'en se voulant simples spectateurs, ils deviennent acteurs d'une comédie que monsieur Orgon dénonce en développant tout le champ lexical du théâtre. Les deux jeunes gens qui veulent tout savoir en avançant masqués sont en même temps dénoncés à Mario et aux spectateurs ; en fait leur déguisement nous permet de les découvrir plus qu'il ne leur permet de découvrir les autres. En effet **ce masque les autorise aussi à renoncer à leur rôle social**. En se faisant autres, ils pourront être vraiment eux-mêmes. C'est ce qu'explique Silvia dans la scène 5 : « Franchement, je ne haïrais pas de lui plaire sous le personnage que je joue » ; en jouant un rôle, Silvia peut espérer être aimée pour elle-même et non pour le rang social qu'elle représente.

## 10 COMMENT DORANTE TRAHIT-IL SA CONDITION RÉELLE ? (I, 6)

***Dorante conserve un langage élégant incompatible avec l'état de domestique.***

En adoptant la livrée et le nom d'un domestique, Dorante veut se faire passer pour un valet, mais **il ne parvient pas à en imiter le langage**. Ainsi Mario lui fait remarquer qu'il doit s'adresser à « Lisette[1] » par son prénom et la tutoyer : « ce n'est point encore là votre jargon, c'est ton serviteur qu'il faut dire ». De même, dès son arrivée, monsieur Orgon l'a ironiquement complimenté : « tu fais ta commission de fort bonne grâce » ; en effet la politesse de la formule «vous assurer de ses respects », mais aussi la complexité de la longue phrase de compliment prononcée par Dorante, et sans doute la révérence qui l'accompagne, suffisent à montrer que ce prétendu domestique est une personne de qualité. Il n'est que de comparer ce discours à celui d'Arlequin, dans les mêmes circonstances, au début de la scène 8, pour apprécier la différence.

**Dorante manifeste** en outre **de l'esprit**, cet art du langage qui constitue le signe majeur de la distinction au XVIII$^{e}$ siècle. Ainsi il saisit un mot dans la réplique de ses interlocuteurs et en fait la base d'une galanterie : il reprend le verbe « je veux » pour mettre en valeur le pouvoir exercé par la beauté de « Lisette » : « tu n'as pas besoin d'ordonner pour être servie » ; et quand Mario l'accuse d'avoir « pillé cette galanterie-là quelque part » (il faut comprendre : dans un roman, ou dans la conversation de son maître), il affirme que la beauté de la jeune fille suffit à lui donner de l'esprit ou de l'amour : « c'est dans ses yeux que je l'ai prise. »

Cet « esprit » devient en effet devenu un véritable réflexe chez les personnes de qualité qui s'y exercent constamment, et Dorante brode ainsi sur le thème du service (« je n'en serai pas moins votre serviteur », « j'attends les ordres de Lisette », « tu n'as pas besoin d'ordonner pour être servie »), alors que personne, croit-il, n'est en mesure d'apprécier l'équivoque. En revanche une telle virtuosité est inaccessible aux domestiques car elle suppose une attention de tous les instants et serait préjudiciable à leurs fonctions ; Mario le souligne nettement : « entre gens comme vous, le style des compliments ne doit pas être si grave, vous seriez toujours sur le qui-vive ». C'est donc **sa distinction « naturelle »** qui **interdit à Dorante de passer pour un valet**.

1. Nous utiliserons dorénavant les guillemets pour désigner les personnages par le nom qu'ils adoptent dans le « jeu ».

## 11 POURQUOI DORANTE ADOPTE-T-IL LE NOM DE BOURGUIGNON ET NON CELUI DE SON DOMESTIQUE ARLEQUIN ? (I, 6)

***Dorante ne peut adopter un nom incompatible avec son personnage d'amoureux.***

En adoptant le nom de Bourguignon, Dorante feint d'être un valet. Dans une société où l'état civil n'était pas fixé comme aujourd'hui, les domestiques parisiens recevaient en effet souvent le nom de leur province d'origine. **Ce nom ne constituait donc pas une véritable identité** : comme la livrée des domestiques, il n'était adopté que pour un temps, et restait lié à une fonction. Ainsi Dorante pourra-t-il dire qu'il est « le fils d'honnêtes gens qui n'étaient pas riches » (I, 7) ; il n'est pas de naissance servile. Et nous avons vu, au contraire, que son langage trahit une distinction qui passe au XVIII$^{e}$ siècle pour le signe de qualités naturelles et non pour un acquis social.

Dorante sait en effet que si sa promise lui plaît, il lui faudra ensuite révéler qui il est. Comment pourrait-il encore être agréé par la jeune fille et par son père, s'il s'est fait connaître avec toute la grossièreté d'un valet ? Si les élégances que nous avons notées dans la question précédente peuvent passer pour des maladresses, elles peuvent être aussi dictées par un raisonnement prudent (il faut se rappeler que Dorante ne sait pas que son père a averti monsieur Orgon de la supercherie). Elles peuvent enfin être nécessitées par les conditions mêmes de la représentation : pour le public en effet **Dorante** doit être un amoureux déguisé en valet ; il **ne doit pas être trop ridicule ou trop bas** dans son rôle de domestique sous peine de passer pour indigne de l'amour de Silvia.

Or **Arlequin n'est pas un domestique ordinaire** (cf. question 15) ; son costume n'est pas une livrée revêtue provisoirement, mais le signe même de son personnage ; ses pitreries, ses balourdises sont incompatibles avec le caractère réaliste et sérieux du rôle de Dorante. La parenté des rôles de Silvia et de Lisette devient antithèse dans les rôles masculins. Pour rester digne de Silvia, il faut que Dorante n'essaie même pas de jouer les « façons de parler sottes et triviales » de son valet.

## 12 POURQUOI LA PREMIÈRE CONVERSATION PRIVÉE ENTRE DORANTE ET SILVIA EST-ELLE SI LONGUE ? (I, 7)

***Surpris l'un et l'autre par un interlocuteur qui ne correspond pas à l'image qu'ils attendaient, Dorante et Silvia font durer cette première conversation.***

La scène 7 est à la fois la plus longue et la plus importante du premier acte. Silvia a commencé son rôle sous l'œil goguenard de son frère et de son père. Une fois qu'ils sont partis, elle a l'impression qu'elle va pouvoir vraiment mener son jeu comme elle l'entend. Elle en revient donc à l'objet de son déguisement : « il va m'en-conter, laissons-le dire pourvu qu'il m'instruise. » Et pourtant, à la fin de cette longue scène, Silvia conclut : « quand ton maître sera venu, je tâcherai en faveur de ma maîtresse de le connaître par moi-même, s'il en vaut la peine ». Autant avouer que **cette longue conversation n'a absolument pas fait progresser son enquête**.

En effet, dès le début de la scène Silvia doit renoncer à garder l'initiative. Dorante entreprend de lui faire la cour : la physionomie de Silvia qui devait inspirer le respect, croyait-elle (I, 2), devient source de nombreux compliments qui flattent son amour-propre (« Quelle espèce de suivante es-tu donc avec ton air de princesse ? ») ; Dorante montre de l'esprit, joue des parallélismes (« Laisse là ton amour [...] — Quitte donc ta figure »), des métaphores (« ton petit traité... »). Il va jusqu'à se déclarer dans les formes : « J'aimerais mieux qu'il me fût permis de te demander ton cœur que d'avoir tous les biens du monde. » Silvia ne peut que se défendre pied à pied en invoquant la condition de « Bourguignon ». **Chacun des deux jeunes gens trouve** un tel **plaisir à ce badinage amoureux** qu'il en oublie l'objet de la conversation : « je voulais moi-même te parler d'autre chose ; mais je ne sais plus ce que c'est. »

Tout se passe en fait comme si le sujet de la conversation n'avait plus aucune importance. Silvia observe : « Il ne tarit point. » ; « Nous voici grâce au ciel en conversation réglée » ; « À la fin, je crois qu'il m'amuse ». Mais, puisque « Bourguignon » n'est qu'un valet, et elle en principe une servante, **elle s'autorise à ne pas en être choquée** : « Bourguignon, je ne saurais me fâcher des discours que tu me tiens ». On peut au contraire penser qu'elle jouit du plaisir de se laisser dire des douceurs que n'autorise que son déguisement.

## 13 LE PROJET D'ÉPOUSER UN « HOMME DE CONDITION » EST-IL VRAISEMBLABLE CHEZ UNE SERVANTE ? (I, 7)

***Le mariage de deux jeunes gens de classes sociales différentes n'était pas impossible en soi ; mais il s'agit surtout d'un rêve romanesque traditionnel.***

Au XVIII$^{e}$ siècle, dans une société où le mariage était un acte social beaucoup plus qu'une affaire de sentiments, il n'arrivait guère qu'une jeune fille modeste se fasse épouser pour sa beauté par un homme de condition. En revanche, le mariage d'un prince avec une jeune bergère faisait rêver, comme il continue à le faire dans une littérature romanesque spécialisée. Silvia précise d'ailleurs : « on m'a prédit que je n'épouserais jamais qu'un homme de condition. » ; le recours à la prédiction souligne bien **le caractère fantasmatique de ce projet**. Les jeunes soubrettes, à force de côtoyer leurs maîtresses, pouvaient être tentées de se comparer favorablement à elles, et de nourrir de tels rêves.

Mais on peut déjà noter **une différence essentielle entre les deux jeunes gens**. Silvia parle d'épouser un homme de condition, et elle a juré « de n'en écouter jamais d'autres », de peur de se trouver entraînée par un sentiment incontrôlable à commettre un acte qui l'engagerait. Bourguignon », lui, parle d'« aimer sérieusement une fille de condition », c'est-à-dire qu'il ne s'interdit pas les amourettes superficielles et peut continuer à faire la cour à « Lisette » sans trahir son ambition ; il est en cela dans la situation même du Dorante réel qui ne peut normalement épouser qu'une jeune fille de son milieu, mais peut séduire les femmes de chambre qu'il rencontre. Son discours amoureux ne suppose aucun engagement.

Aussi ce projet de brillant mariage ne constitue guère **pour Dorante** qu'**un moyen de séduction** : en disant l'engagement qu'il a pris, il suggère que « Lisette » est digne d'être « une fille de condition » ; il entre d'ailleurs dans le rêve supposé de la jeune fille en évoquant le thème romanesque de la bâtardise distinguée : « l'on est quelquefois fille de condition sans le savoir ». **Pour Silvia** au contraire, son projet constitue **le seul moyen qu'elle ait trouvé pour se défendre** : il lui faut en effet lutter à la fois contre les entreprises de séduction d'un jeune homme, contre l'offense qu'un valet fait à son amour-propre, mais aussi contre ses propres sentiments.

## 14 QUELLE EST LA FONCTION DES APARTÉS DANS LA SCÈNE 7 ? (I, 7)

***Les apartés traduisent conventionnellement les pensées des personnages.***

Au théâtre, la règle de vraisemblance voudrait que le spectateur voie les personnages tels qu'ils sont censés se conduire dans la vie réelle. Il ne serait alors informé que de ce que ceux-ci peuvent dire ou faire, non pas de ce qu'ils pensent. Dans un théâtre comme celui de Marivaux où l'action se situe pour l'essentiel au niveau psychologique, ce serait une lacune considérable. On admet donc par convention qu'un personnage puisse énoncer ses pensées sous la forme de répliques parfaitement audibles pour les spectateurs, alors que les autres personnages, beaucoup plus proches, sont censés ne pas les entendre. Les apartés traduisent donc souvent **le trouble de personnages** qui ne peuvent se confier à personne : au début de la scène 7, les deux apartés traduisent une surprise réciproque.

Mais Silvia prononce neuf apartés dans cette scène où Dorante n'en dit qu'un. Cette technique dramatique place donc le spectateur dans **la situation romanesque de la focalisation interne**. Ainsi, dans toute la scène, Silvia l'informe de sa stupéfaction à l'égard de Dorante (« Quel homme pour un valet ! », « voilà un garçon qui m'étonne »), mais aussi de l'étonnement qu'elle éprouve devant sa propre conduite (« À la fin, je crois qu'il m'amuse », « Je devrais déjà l'avoir fait »). En revanche, il ne sait de Dorante que ce que Silvia elle-même peut voir ou entendre.

Les apartés de Silvia s'expliquent aussi par la différence des sexes : Dorante courtise « Lisette » qui ne peut que lui répondre ; il est en droit de dire franchement l'attirance qu'il éprouve pour elle, sans que cela ne tire à conséquence, alors que les préjugés de l'époque interdisent à une jeune fille d'en faire autant, surtout à l'égard d'un valet. Ainsi lorsque Silvia avoue son estime pour Dorante par inadvertance (« il faut qu'il ait du mérite puisque tu le sers »), elle s'en repent aussitôt : « veux-tu bien ne pas prendre garde à l'imprudence que j'ai eue de le dire ? » Mais cette faiblesse de Silvia constitue aussi sa force. Si Dorante a la possibilité de dire ses sentiments sans s'engager, il prend aussi l'habitude de se découvrir. **Silvia,** qui **doit par pudeur garder ses sentiments secrets** prend l'habitude d'une duplicité qu'elle conduira à son terme au troisième acte.

## 15 QUI EST ARLEQUIN ? (I, 8)

***Arlequin est le serviteur de Dorante, mais il est surtout un des personnages majeurs du Théâtre-Italien.***

L'arrivée d'Arlequin sur scène est annoncée par la remarque de Dorante à la fin de la scène 7 : « Tiens, voilà mon maître. » L'expression est évidemment destinée à provoquer le rire car ce maître supposé ne possède aucune des qualités de l'honnête homme que « Bourguignon » a manifestées malgré sa livrée.

Arlequin est en effet **un des personnages principaux de la comédie italienne**. Il est issu du *zanni*, type théâtral inspiré au XVI^e siècle par des paysans pauvres venus de Bergame pour travailler à Venise comme portefaix. Il a gardé de ses origines son caractère naïf et balourd, son costume déchiré transformé ensuite en un savant assemblage de triangles de couleur, la gourmandise d'un malheureux perpétuellement affamé, la gêne d'un immigré qui doit s'adapter sans cesse à un monde dont il ne comprend pas les usages.

Sous le règne de Louis XIV, le rôle avait été illustré par le célèbre Dominique. Après le retour des Italiens en 1716 (cf. étude 1), il avait été repris par Thomaso Vincentini, dit **Thomassin, un Arlequin virtuose**, capable des acrobaties les plus spectaculaires. C'est pour lui que Marivaux a écrit le rôle du *Jeu de l'amour et du hasard* : il faut l'imaginer multipliant les pirouettes, comme lorsqu'à la fin de la pièce il s'écrie : « Allons saute, Marquis ! » Il faut aussi avoir à l'esprit le costume qu'il portait alors : un masque noir muni de minuscules ouvertures pour les yeux, et qui l'obligeait à des gestes très exagérés, le fameux costume bariolé qu'on devait voir dépasser de l'habit de maître que lui avait remis Dorante, un bâton au côté en guise d'épée, qu'il propose ironiquement d'aller chercher au début de l'acte III.

Ainsi, après une scène sentimentale, son arrivée suffit à créer **un effet comique irrésistible**. Tout son type dément le rôle qu'il prétend jouer. En outre Arlequin était une vedette dont l'entrée en scène déchaînait l'enthousiasme. Marivaux a donc pris soin de le faire arriver après Dorante (cf. « son maître est peut-être resté au bureau pour affaires », I, 4) afin de laisser à ce dernier le temps nécessaire pour se rendre crédible en amoureux ; autrement Arlequin l'aurait éclipsé dans l'attention du public.

## 16 COMMENT ARLEQUIN TRAHIT-IL SA CONDITION RÉELLE ? (I, 8)

***Arlequin multiplie les balourdises qui trahissent ses origines.***

L'apparition d'Arlequin suffit à dénoncer le travestissement. Mais dès qu'il ouvre la bouche, le valet déguisé confirme l'imposture. Il se montre **incapable de se conduire avec politesse**. Ainsi son premier mot est pour s'inquiéter de l'accueil fait à ses domestiques : question indigne d'intérêt, mais qui surtout laisse supposer que monsieur Orgon aurait pu se conduire mal : Dorante doit aussitôt le corriger. De plus il évoque son « beau-père » et sa « femme », termes populaires et familiers ; Silvia souligne cette impropriété en reprenant deux fois le mot « beau-père » sur un mode ironique.

Le langage d'Arlequin est aussi **émaillé d'expressions triviales**, comme le lui reproche Dorante à la scène 9 : le juron familier « pardi », l'apostrophe « la belle » à l'adresse de Silvia, la formule proverbiale « beau-père de la veille ou du lendemain », le verbe « trinquer » au lieu de « se rafraîchir », tous ces traits de langage trahissent ses origines populaires et rurales. À l'inverse Arlequin se montre incapable de comprendre les conventions du langage élégant. Lorsque Silvia dit le trouver « plaisant », il croit qu'en effet il lui a plu, sans comprendre qu'ici l'adjectif peut signifier « ridicule ». Et quand monsieur Orgon lui demande « mille pardons », il ne reconnaît pas la formule de politesse derrière cette hyperbole stéréotypée, et au lieu de répondre sur le même ton, il pardonne en effet ce retard comme s'il s'agissait d'une véritable faute et suggère que son « beau-père » peut en faire beaucoup d'autres en ajoutant : « tous mes pardons sont à votre service. ».

Arlequin a aussi conservé **les préoccupations d'un domestique**. Par réflexe « professionnel », il demande si ses domestiques ont été bien traités. Et, n'osant pas encore avoir de prétentions sur la maîtresse, il fait toujours la cour à « **la** soubrette de l'hôtel », avouant ainsi, malgré l'hyperbole que suggère le mot hôtel, que les maisons qu'il connaît n'ont qu'une domesticité réduite.

Il faut enfin imaginer toute une gestuelle qui n'apparaît pas dans le texte parce que justement elle est inhérente au type d'Arlequin. Ce sont **les *lazzi*, ces jeux muets typiques du théâtre italien,** et que les acteurs ajoutaient d'eux-mêmes. Ainsi les gestes codifiés par la tradition théâtrale se substituent à ceux qu'a fixés la politesse, en une parodie amusée, plus que franchement révolutionnaire.

## 17 QUAND LISETTE RENCONTRE-T-ELLE ARLEQUIN ? (II, 1)

***Lisette et Arlequin se sont rencontrés pendant le temps qui s'est écoulé lors de l'entracte.***

Au théâtre, lorsque les acteurs sont sur scène, la durée de la représentation se superpose exactement avec celle de l'action. Il n'en est pas de même pendant **les entractes**. Ces quelques minutes, souvent consacrées à un divertissement pendant que l'on mouchait les chandelles, **pouvaient correspondre à une durée beaucoup plus longue** dans le déroulement de l'intrigue.

Au début de l'acte II, en commençant toujours *in medias res*, Marivaux confie à Lisette le soin de rappeler la situation de l'intrigue au premier acte : « Vous avez consenti au déguisement de mademoiselle Silvia, moi-même je l'ai trouvé d'abord sans conséquence, mais je me suis trompée. » Elle explique en effet que ses charmes « vont leur train » auprès d'Arlequin. Or Lisette n'était pas encore descendue de sa chambre à la fin du premier acte. Il faut donc **qu'elle ait eu le temps de rencontrer Arlequin au moins une fois pendant cet entracte**. La vraisemblance psychologique voudrait que plusieurs jours se soient écoulés entre les deux actes. La nécessité de respecter l'unité de temps réduit ce temps à quelques heures : on peut imaginer que le premier acte se déroule en fin de matinée, puisque monsieur Orgon excuse le retard de sa fille qui s'habille seulement, en raison d'une indisposition (I, 10) ; le deuxième doit se situer dans l'après-midi, car Lisette précise : « actuellement je lui plais beaucoup, ce soir il m'aimera, il m'adorera demain » (II, 1) et elle ajoute que, depuis le matin, Silvia et elle n'ont « guère trouvé le moment de se parler ».

Marivaux prend soin de **justifier psychologiquement cette accélération temporelle** dictée par des nécessités dramaturgiques. Lisette répète : « Il est temps qu'elle se déclare, cela presse, car un jour plus tard, je n'en réponds plus. », « Je vous le répète encore, le cœur de Dorante va bien vite. » Cette précipitation est bien dans le ton d'Arlequin, qui « obsède » Lisette ; au début de la scène 3, il se plaindra : « Madame, il dit que je ne m'impatiente pas ; il en parle bien à son aise, le bonhomme. » La cour des domestiques déguisés n'est pas soumise aux prudentes approches des maîtres qui ont besoin de s'aimer un peu, avant que de se marier (cf. II, 2). Pour Arlequin, monsieur Orgon est déjà son « beau-père ou peu s'en faut ».

## 18 QUELS ORDRES MONSIEUR ORGON DONNE-T-IL À LISETTE ? (II, 2)

***Monsieur Orgon ordonne à Lisette de se laisser épouser par « Dorante ».***

En avouant à monsieur Orgon le succès qu'elle rencontre auprès de « son prétendu gendre », Lisette reconnaît qu'elle brave « toutes les règles de la modestie ». Elle ose parler à son maître de sa vie sentimentale, en dépit de la pudeur qui est de mise à l'époque ; et elle ose louer ses propres qualités, parlant avec conviction de la puissance de ses charmes et osant les comparer avec ceux de Silvia. Cette inconvenance s'explique par la **stupéfaction émerveillée de Lisette devant un succès inattendu** : si dans la première scène elle s'était posée en rivale de Silvia, c'était pour « épouser sans cérémonie », pour envisager d'être la maîtresse d'un prétendu si admirable ; ensuite elle avait cru son déguisement « sans conséquence » ; mais voilà que la réalité confirme ses sentiments, et que « Dorante » l'« obsède », lui fait la cour en la prenant pour une dame. Aussi supporte-t-elle mal le ton ironique de monsieur Orgon qu'elle croit fondé sur un préjugé social.

Lisette se conduit pourtant en bonne domestique en venant prendre les ordres de son maître ; elle le rappelle à monsieur Orgon : « il est important que vous en soyez éclairci, afin que vous n'ayez pas à vous plaindre de moi ». Elle éprouve une sorte de **vertige devant le bouleversement de l'ordre social** que provoque cette permutation et se montre raisonnable : « Il est temps qu'elle se déclare », « Je vous conseille de ne pas les laisser faire ». La réaction de son maître lui paraît donc d'abord de l'inconscience ; puis elle voit s'ouvrir devant elle **des perspectives auxquelles elle n'osait rêver**.

L'attitude de monsieur Orgon et la stupéfaction qu'elle produit chez Lisette ont à l'évidence **une visée comique**. Toutes ses remarques sont un appel à la connivence du public, seul capable de discerner la vérité des apparences. Heureux de voir progresser les sentiments de sa fille, il masque sa satisfaction derrière une fausse naïveté réjouissante : si Silvia rougit en présence de « Bourguignon », « c'est donc d'indignation ». Mais en outre il entreprend d'assumer pleinement son rôle de **metteur en scène** : il ne se contente plus de laisser faire ; il impose le maintien de la substitution et joue sur les sentiments de sa fille.

## 19 DE QUI S'INSPIRE ARLEQUIN LORSQU'IL COURTISE LISETTE ? (II, 2-5)

***Arlequin tente d'imiter l'élégance des précieux ; mais par ses outrances et ses maladresses il n'en réussit qu'une parodie burlesque.***

Les valets trouvent d'abord leurs modèles chez leurs maîtres. Aussi **Arlequin tente**-t-il, comme Dorante, **de faire de l'esprit**. Il rebondit sur les répliques de son interlocutrice : la métaphore de Lisette, à peine ébauchée et peut-être involontaire (« ce n'est tout au plus qu'un amour naissant ») donne lieu à une reprise en règle : « un amour de votre façon ne reste pas longtemps au berceau » ; puis cette métaphore est longuement filée. Lisette joue du verbe *amuser,* qui évoque l'enfance, et de la petite taille de son partenaire pour lancer l'image du jeu enfantin (« Tenez, petit importun... »), qu'Arlequin reprend dans l'exclamation : « Cher joujou de mon âme ». Arlequin multiplie aussi les compliments : il évoque la « belle main blanche » de Lisette, puis ses beaux yeux, en écho au compliment détourné qu'avait fait Dorante (cf. question 9) ; la métaphore des « filous » reprend en l'inversant l'image de la foi que Dorante mettait dans le visage de Silvia.

Mais **Arlequin ne respecte pas les limites des convenances**. La scène des maîtres se caractérisait par la brièveté des répliques ; Arlequin prend plaisir au jeu et quand il a une idée, il la développe de façon systématique. Ses compliments donnent lieu à des hyperboles ridicules (« prodige de mon âme »). **Son impatience dénonce sa maladresse**. Le jeu de la conversation galante a évidemment pour but de séduire et d'obtenir des faveurs ; mais on ne parle que par allusions, en augmentant encore le désir par le retard qu'on y apporte. C'est bien à ce jeu social qu'invitait monsieur Orgon en disant : « il est bon que vous vous aimiez avant de vous marier ». Mais l'avidité d'Arlequin ne lui permet pas d'attendre. Sa métaphore de l'amour qui grandit aboutit aussitôt au thème du mariage, et de sa consommation. La jouissance éprouvée à baiser la main de Lisette lui donne envie de consommer ce plaisir pour « se soutenir ». Et Lisette déplore cette précipitation : lorsqu'elle demande : « Mais est-il possible que vous m'aimiez tant ? », elle ne s'inquiète pas de l'amour du fiancé de sa maîtresse ; elle cherche à relancer une conversation galante qui a pris trop vite à son goût un tour trop direct.

## 20 POURQUOI DORANTE INTERVIENT-IL À LA SCÈNE 4 ? (II, 4)

***Dorante survient à la scène 4 pour rappeler Arlequin à ses devoirs, et pour souligner le caractère burlesque du passage.***

L'intervention de Dorante permet à Marivaux d'interrompre un jeu de séduction qui arrivait à son terme. Faute d'avoir su faire durer les préliminaires, Arlequin ne pouvait plus qu'exiger des preuves des sentiments de Lisette. Chacun avait fini par croire au personnage qu'il jouait. **L'arrivée de « Bourguignon » rappelle aux deux domestiques la réalité de leur condition**. Certes Arlequin parle à son « valet » avec toute la morgue dont il a été souvent la victime : « Maudite soit la valetaille qui ne saurait nous laisser en repos ! » On peut imaginer le plaisir de la transgression qu'il éprouve. Jouant sur les deux tableaux, il dénonce le pouvoir abusif des maîtres en le parodiant, puis en en condamnant, *bas,* la violence : « Ce sont des injures, et non des mots, cela... ».

Mais **le terme « valetaille »**, avec son suffixe péjoratif, **nie la personnalité des domestiques**. En jouant à insulter Dorante, Arlequin se rappelle qu'il appartient, au regard des maîtres, à une masse indistincte, où chaque individu n'est pas digne d'être considéré. Ce rappel suscite son inquiétude : comment la fiancée de son maître, qui vient de lui donner des gages d'amour, pourrait-elle encore s'intéresser à lui une fois sa condition réelle découverte ? C'est à elle qu'il s'adresse pour menacer son valet supposé : « Madame, s'il en dit deux [mots], son congé sera le troisième. » ; mais il rappelle ainsi ce qui le menace s'il n'obéit pas aux ordres de son maître. Et ce rappel possède la même valeur inquiétante pour Lisette : comment un homme qui parle avec une telle brutalité aux domestiques pourrait-il aimer encore la femme de chambre de Silvia ?

Ainsi **cette scène présente plusieurs caractères comiques** : d'abord le comique de l'inversion des rôles, les maîtres jouant les domestiques et les domestiques les maîtres ; mais aussi le comique du double registre, puisque Arlequin se trouve tantôt dans le jeu du subterfuge avec Lisette, tantôt dans les coulisses du jeu avec Dorante, qu'il est tantôt celui qui insulte, tantôt celui qui est insulté ; enfin le plaisir amusé du spectateur qui observe l'inquiétude des valets, qu'il sait vaine et que les pitreries d'Arlequin contribuent à discréditer.

## 21 L'ATTITUDE D'ARLEQUIN CHANGE-T-ELLE APRÈS L'INTERVENTION DE DORANTE ? (II, 5)

***Loin de montrer plus de distance, Arlequin tente de pousser son avantage plus nettement encore.***

À la fin de la scène 4, **Dorante a demandé à Arlequin** : « Débarrasse-moi de tout ceci, ne te livre point, parais sérieux et rêveur, et même mécontent. » Dorante éprouve de l'aversion pour Lisette qu'il se croit destinée ; il est inquiet des sentiments qu'il éprouve à l'égard de Silvia : mais puisqu'il n'est, même aux yeux de monsieur Orgon, croit-il, qu'un domestique, il n'a aucun pouvoir sur la suite des événements. Il demande donc à **Arlequin de faire le nécessaire pour faire échouer le projet de mariage** : celui-ci doit ne pas montrer d'amour, manifester au contraire des hésitations, et même de l'aversion : la gradation s'achève presque sur une impolitesse, qui souligne la violence des sentiments de Dorante.

**Cependant Arlequin n'obtempère pas**. Au contraire, **ses demandes deviennent plus insistantes** : « à propos de mon amour, quand est-ce que le vôtre lui tiendra compagnie ? » Devant la réprobation de son maître, il a compris qu'il faut accélérer les choses s'il veut les voir aboutir avant son départ. Alors tout le jeu « élégant » qu'il avait mené dans la scène précédente lui paraît vain. La métaphore du feu symbolisant l'amour ardent est à peine évoquée. Il ne veut plus entendre les arguments de Lisette. Celle-ci tente de le ramener au jeu social des convenances : « S'il m'était permis de m'expliquer si vite... » ; Arlequin feint de croire qu'il s'agit d'une permission d'ordre moral : « vous le pouvez en conscience ». Lisette évoque plus clairement « la retenue de [s]on sexe » ; Arlequin lui fait remarquer que ses scrupules sont dépassés. Il va jusqu'à dicter la réponse qu'il attend en demandant à Lisette de répéter ses paroles : « tenez, je vous aime moi, faites l'écho, répétez, Princesse ».

La précipitation naturelle d'Arlequin devient donc ici une nécessité absolue. Mais en outre le trouble qu'il a éprouvé à la suite de l'intrusion de Dorante l'empêche de poursuivre la fiction du langage élégant. Renonçant à « dire de belles choses », il retrouve sa langue naturelle, familière (« dites-moi un petit brin... », « j'ai peur d'en courir les champs »). **Le langage rejoint alors la vérité des sentiments**.

## 22 POURQUOI ARLEQUIN ET LISETTE AVOUENT-ILS À DEMI-MOT LEUR CONDITION RÉELLE ? (II, 5)

***Au moment où tous leurs désirs semblent se réaliser, les deux domestiques s'effraient de la découverte imminente de leur condition.***

Sur sa demande pressante, **Arlequin a donc obtenu un aveu de Lisette** : « eh bien, Monsieur, je vous aime. » Sa victoire est donc totale, semble-t-il : il est aimé d'une jeune fille qui lui plaît ; il a supplanté son maître qui vient de l'insulter à la scène précédente ; le mariage que cette déclaration permet d'envisager « [le] fera passer à table en dépit du sort qui ne [l]'a mis qu'au buffet » (III, 1). Tous ses appétits peuvent donc être satisfaits. Cela explique l'enthousiasme qu'il manifeste en s'écriant : « Eh bien, Madame je me meurs ; mon bonheur me confond, j'ai peur d'en courir les champs ». Cette dernière expression qui signifiait « devenir fou » (cf. « battre la campagne ») devait être accompagnée de ces *lazzi*, de ces cabrioles dont Arlequin était spécialiste.

Une telle réaction ne peut se comprendre que si l'on connaît tous les enjeux de cet amour ; elle était évidemment parfaitement incongrue de la part d'une personne de qualité. Aussi **Lisette**, qui a observé les rapports d'Arlequin avec son « domestique » (cf. question 20) **ne peut qu'être inquiète de cette passion soudaine** et de la déception qui s'ensuivra nécessairement. Peut-être aussi veut-elle profiter de ce moment d'exaltation pour faire admettre à Arlequin sa condition sociale. Quoi qu'il en soit, elle entreprend alors de mettre Arlequin sur la voie.

Mais ces aveux ne peuvent aboutir car chacun des deux domestiques est obsédé par la difficulté de ses propres aveux. **On assiste donc à un assaut de modestie**, chacun devant s'abaisser au fur et à mesure que s'humilie celui qu'il croit tellement supérieur. Ainsi chacun parle de « se connaître », de ses « qualités » pour évoquer son rang social et reste persuadé que l'autre ne parle que de son caractère. Le malentendu est tel que, lorsque la question de l'origine sociale est clairement posée, chacun ne voit dans les affirmations de l'autre que des déclarations hyperboliques, sans fondement réel.

L'intérêt premier de cette scène est évidemment comique. Mais elle permet aussi d'esquisser une analyse psychologique : ces deux jeunes gens, aussi troublés l'un que l'autre, en arrivent à oublier leur projet d'ascension sociale dans le trouble où les a plongés l'imminence de leur bonheur.

## 23 POURQUOI SILVIA DÉFEND-ELLE BOURGUIGNON CONTRE LISETTE ? (II, 7)

***En invoquant un souci de justice, Silvia laisse apparaître son intérêt pour le jeune homme.***

Lorsqu'elle se retrouve seule avec Lisette, **Silvia a perdu ses repères**. Elle a dû insister pour obtenir cette entrevue, auprès de sa propre servante et est obligée de rétablir sa supériorité hiérarchique : « écoutez-moi comme votre maîtresse ». Son amour-propre a souffert des rebuffades de « Dorante », pour qui elle éprouve une antipathie croissante : « vous voyez bien que cet homme-là ne me convient pas ». Son travestissement a donc perdu tout son sens : « êtes-vous folle avec votre examen ? Est-il nécessaire de le voir deux fois pour juger du peu de convenance ? » Enfin le soutien de son père lui échappe ; lorsque Lisette explique que monsieur Orgon lui a défendu de renvoyer « Dorante », elle est désorientée : « Mais je ne reconnais pas mon père à ce procédé-là ».

De son côté, Lisette doit subir au début de la scène une double humiliation : du rôle de maîtresse qu'elle interprétait avec plaisir, elle se voit ravalée à celui de servante ; elle doit entendre critiquer le jeune homme par qui elle est attirée et qu'elle a reçu le droit de séduire : n'évoque-t-elle pas « le futur » et non « votre futur » ? Aussi s'abrite-t-elle derrière les ordres de monsieur Orgon : « Donnez-vous le temps de voir ce qu'il est » ; « son valet, qui fait l'important, ne vous aurait-il pas gâté l'esprit sur son compte ? » Mais lorsque Silvia devient vraiment insultante, **les attaques de Lisette se font plus précises** : « Je crois qu'il est homme à vous avoir conté des histoires maladroites pour faire briller son bel esprit ».

Cette remarque se fonde sur une vérité : le « bel esprit » incongru de ce valet. Silvia se met alors en colère contre sa servante. Elle invoque des raisons d'ordre moral : « vous m'obligez à le justifier, il n'est pas question de le brouiller avec son maître ». Mais le ton de Silvia, les exclamations, les interrogations montrent bien qu'elle est touchée plus profondément que dans son sens de la justice. D'ailleurs sa réplique commence et finit sur sa propre justification : « Mon déguisement ne m'expose-t-il pas à m'entendre dire de jolies choses ? [...] il n'est pas question de [...] me faire, moi, une imbécile qui écoute ses histoires ». **Silvia reconnaît qu'elle est directement touchée par les jugements portés sur « Bourguignon »** ; elle avoue ainsi un intérêt profond.

## 24 QUE MANIFESTE LE TROUBLE DE SILVIA ? (II, 7)

***Le trouble que Silvia manifeste dans son dialogue avec Lisette traduit la violence d'un sentiment dont elle commence à prendre conscience.***

Au début de la scène 7, Silvia était exaspérée par l'attitude de son entourage. À partir du moment où Lisette met en cause « Bourguignon », **elle éprouve un trouble qui se manifeste dans son discours**, à travers les interrogations et les exclamations, les phrases interrompues par des points de suspension, comme si elle s'étranglait d'indignation, les répétitions. Tous ces faits de langue correspondent évidemment à une diction précipitée, à un ton très animé que ne signale aucune didascalie, mais que Lisette commente à l'intention du lecteur : « dès que vous le défendez sur ce ton-là [...] », « je ne conçois rien à votre aigreur », « il ne faut pas vous emporter ». L'ironie de la servante, qui ne voit là que la confirmation de ses soupçons, contraste avec la violence de sa maîtresse qui s'aveugle encore.

**C'est en effet la conscience naissante de ses propres sentiments qui bouleverse Silvia.** Son ton s'anime lorsqu'elle imagine qu'elle pourrait être « une imbécile qui écoute [l]es histoires » d'un valet fourbe : la faiblesse d'esprit vient ici masquer le sentiment amoureux que Silvia ne peut nommer, même pour le nier. Refusant d'admettre qu'elle puisse être troublée, elle déplace sur sa servante la responsabilité de ce qu'elle éprouve : « qu'est-ce que c'est que le ton dont vous dites cela vous-même ? » Mais la fin de la réplique traduit ainsi, sous cette forme détournée, le trouble dont Silvia commence à prendre conscience elle-même : « Qu'entendez-vous par ce discours, que se passe-t-il dans votre esprit ? » Aussi, lorsque Lisette parle de « la bonne opinion » que Silvia peut avoir de « Bourguignon », celle-ci éclate. Cette expression constitue pourtant un euphémisme discret pour parler d'amour. Mais à la différence de l'amour, la « bonne opinion » de Silvia est indéniable. L'indignation qu'elle manifeste prouve qu'elle a pris conscience de ce sentiment et compris le sous-entendu. Toutes ses questions constituent autant d'aveux.

**Pour nier cette faiblesse, Silvia se replace sur le terrain de la supériorité sociale.** Elle joue de son autorité de maîtresse pour terminer l'entretien à son avantage. Elle attribue le frisson qu'elle éprouve à l'insulte qu'elle a subie (II, 8) et accable l'ensemble des domestiques pour déconsidérer l'opinion de Lisette.

## 25 QUE SIGNIFIE CE TUTOIEMENT AUQUEL SILVIA VEUT RENONCER ? (II, 9)

***Le tutoiement traduit l'appartenance à une classe sociale populaire ; mais il permet aussi d'exprimer la familiarité et l'affection.***

Lorsque Silvia retrouve Dorante à l'acte II, elle lui demande aussitôt : « Bourguignon, ne nous tutoyons plus, je t'en prie. » Cette prière est dans la ligne de la scène précédente : ayant perdu tous ses repères, **Silvia** s'était raccrochée à sa condition sociale, comme à la seule certitude possible. Puisque son père refuse de renvoyer Dorante, elle **veut se protéger de « Bourguignon » par le retour au vouvoiement** : en évitant la familiarité des valets, elle retrouverait le langage qui lui est habituel, et renoncerait à la partie la plus dangereuse du travestissement. Elle fait ainsi écho à Dorante qui disait : « quand je te tutoie, il me semble que je jure ».

**Pour Dorante** en revanche, **le tutoiement est d'abord le signe d'une familiarité** qui correspond maintenant aux sentiments qu'il éprouve ; et, jouissant de cette liberté qui est d'ordinaire interdite aux gens de sa classe sociale, il ne veut pas y renoncer. Son « Comme tu voudras. » traduit, derrière la politesse raisonnable, le refus imposé par le cœur. Il fait écho à la prière de Silvia qui, tout en demandant ce vouvoiement réciproque, ne le pratiquait pas ; son excuse « C'est que cela m'a échappé. » manifeste bien l'emprise du sentiment. Ainsi Dorante conclut : « ce n'est pas la peine de nous gêner pour le peu de temps que nous avons à nous voir » ; le temps en fait importe peu ; les deux jeunes gens ne veulent pas renoncer à la liberté que leur permet la fiction du travestissement.

Ils vont donc pouvoir jouer sur les deux tableaux. Dorante continue à montrer de l'esprit : quand à propos de son départ, Silvia lui dit : « je ne songe pas à toi », il répond : « Et moi, je ne te perds pas de vue », parlant alors de son amour. Mais sur ce sujet il dispose d'une liberté impossible dans un salon, et que Silvia accepte d'un valet ignorant des convenances : « si tu étais instruit [de ma condition] tu me trouverais d'une bonté sans exemple, d'une bonté que je blâmerais dans une autre. » L'un et l'autre jouissent donc du **plaisir de parler d'amour ou d'en entendre parler, sans souci des convenances**, n'écoutant que leurs sentiments. Silvia remarque : « Le fond de mon cœur me rassure, ce que je fais est louable ». Elle ne se trompe que sur la nature du sentiment, attribuant à la générosité ce qui appartient à l'amour.

## 26 COMMENT, À DEUX REPRISES, SILVIA PARVIENT-ELLE À RELANCER UNE CONVERSATION QUI PARAISSAIT SANS ISSUE ? (II, 9)

***À deux reprises, Silvia en revient aux échanges du début de la scène pour relancer le dialogue.***

Lorsque « Bourguignon » a fait porter la conversation sur le thème de l'amour, Silvia a clairement précisé sa position : « je ne te veux ni bien ni mal, je ne te hais, ni ne t'aime, ni ne t'aimerai, à moins que l'esprit ne me tourne ». Et, après avoir souligné la générosité de son cœur, elle conclut sur le ton de la raison : « je ne suis pas faite pour me rassurer toujours sur l'innocence de mes intentions [...] allons, qu'il n'en soit plus parlé. » Cette dernière phrase semble mettre un terme à la conversation : de quoi Dorante pourrait-il parler, sinon de son amour ? On peut alors imaginer un long silence que n'interrompt que la plainte de Dorante : « Ah, ma chère Lisette, que je souffre ! » **C'est donc par pitié, par générosité que Silvia intervient** alors : « Venons à ce que tu voulais me dire » ; la substitution du verbe « dire » au verbe « parler » traduit le passage de la conversation sentimentale à l'échange d'informations. Silvia s'aveugle encore sur ses intentions.

Sa seconde intervention est plus nette. Silvia a employé l'ironie pour se défendre : « le souvenir de ceci me fera bien rire un jour. » Dorante, blessé, semble avoir pris le parti de renoncer à cet amour impossible : « tu as raison, je ne sais ce que je dis, ni ce que je te demande ; adieu. » Silvia a cru à un faux départ, ou elle a tenté de n'écouter que sa raison : « Adieu, tu prends le bon parti... » Mais les points de suspension trahissent une attente vaine. Silvia relance alors le dialogue : « mais, à propos de tes adieux, il me reste encore une chose à savoir. » Il n'est plus question ici de générosité, ni de ce que « Bourguignon » voulait dire ; c'est le désir de Silvia qui est en cause, et, au-delà de l'information demandée, **le désir de prolonger une conversation à laquelle elle prend un plaisir** qu'elle n'ose pas encore s'avouer.

**Cette double intervention permet d'apprécier l'impasse où se trouve Silvia** : elle prend trop de plaisir à ce sentiment inavoué pour pouvoir y renoncer, mais elle a trop peur de ce qu'il entraîne pour vouloir s'engager davantage. Derrière le refus de l'humiliation, on peut reconnaître aussi la peur de tout engagement. Mais la situation de *statu quo* est intenable ; en se mettant à genoux, Dorante obligera Silvia à se déclarer.

## 27 À QUOI TIENT LA SOUFFRANCE DE DORANTE ? (II, 9)

***Dorante se dit désespéré parce que « Lisette » ne l'aime pas, mais lorsque celle-ci lui avoue qu'elle pourrait l'aimer, il souffre de devoir renoncer au mariage.***

On est en droit de **douter des sentiments amoureux de Dorante** au début de la scène. Il se plaint pourtant : « Mon malheur est inconcevable, tu m'ôtes peut-être tout le repos de ma vie. » Mais il est encore capable de montrer de l'esprit (cf. question 25) ; et ses formules hyperboliques semblent stéréotypées. Il est homme de condition, et croit parler à une simple soubrette qu'il pourrait séduire. En revanche, lorsque « Lisette » lui a montré qu'elle est capable de sentiments nobles et que ses refus tiennent à la raison et non à la coquetterie, son langage devient plus simple : « Ah, ma chère Lisette, que je souffre ! » Il avoue le prétexte dont il s'est servi pour faire sa cour et voir « Lisette ». Il parle simplement de son « envie », du « plaisir de [la] voir ».

Prenant conscience de la sincérité de ses sentiments, **Dorante ne peut qu'envisager la fuite** : « pour moi, il faut que je parte ou que la tête me tourne. » On peut ne voir dans cette phrase qu'un compliment de plus ; mais elle peut aussi manifester le vertige qu'éprouve Dorante à l'idée de transgresser les règles sociales. Il reconnaît sincèrement : « Et que pourrais-je espérer en tâchant de me faire aimer ? hélas ! quand même j'aurais ton cœur... ». L'interruption de Silvia l'empêche d'achever ; mais il a enfin considéré la question du mariage impossible. Alors, s'il éprouve encore quelque dépit à ne pas être aimé, son objectif est de se préserver d'« une passion dangereuse » qui le mettrait au ban de sa classe sociale.

Cependant son attitude dément tout son discours : en priant « Lisette » de le rebuter, il se met à genoux et adopte l'attitude de l'amoureux désespéré. C'est à ce langage du corps, plus sensible et plus conforme à ses propres sentiments, que Silvia répond. Pour obtenir que « Bourguignon » se relève, elle lui promet : « je dirai ce qu'il te plaira » et ajoute aussitôt : « je ne te hais point. » Ce sont presque les mêmes mots qu'au début de la scène (« je ne te hais, ni ne t'aime, ni ne t'aimerai ») ; mais le contexte a changé, et malgré les réserves qui suivent, cette litote, évoquant *Le Cid,* est un aveu d'amour. Aussi Dorante s'écrie-t-il : « ma raison est perdue ». De victime conventionnelle, **il est devenu coupable.**

## 28 POURQUOI L'INTERVENTION DE MONSIEUR ORGON ET DE MARIO EST-ELLE IMPORTANTE ICI ? (II, 9-10)

***Monsieur Orgon et Mario sont les témoins de l'aveu de Silvia ; ils interviennent aussi pour piquer l'amour-propre des jeunes gens.***

Lorsque Dorante se jette au genoux de Silvia, son geste évoque celui d'Arlequin à la scène 5. Ce souvenir pourrait déconsidérer cet élan sincère. Mais Lisette avait vu Silvia arriver et avait fait aussitôt lever Arlequin. Ici la scène se prolonge ; monsieur Orgon et Mario sont entrés sur la scène sans être vus. En même temps que le spectateur, ils observent le tableau émouvant qui s'installe sous leurs yeux ; ils ont en effet la satisfaction de voir leurs espoirs exaucés ; Silvia avoue assez clairement son amour à un Dorante évidemment bouleversé. **Leur attitude approbatrice et émue impose** donc **au spectateur la lecture** que Marivaux l'invite à faire **de ce tableau.**

En outre les deux hommes sont les témoins que Silvia redoutait tant lorsqu'elle suppliait : « lève-toi donc. Bourguignon, je t'en conjure, il peut venir quelqu'un. » Et ils ne laissent rien ignorer de ce qu'ils ont vu. Lorsque Silvia s'est suffisamment engagée, monsieur Orgon constate avec ironie : « C'est bien dommage de vous interrompre, cela va à merveille, mes enfants, courage ! » Malgré la bonhomie du propos, le fait d'être surprise en présence d'un valet agenouillé à ses pieds est une terrible humiliation pour Silvia ; lorsqu'elle apprend à la scène 11 que ses paroles aussi ont été surprises, elle « étouffe ». **Ces deux témoins officialisent l'aveu** d'un sentiment dont Silvia même ne s'est pas encore avoué l'existence.

Enfin l'arrivée des deux hommes va influer sur le rapport des deux amoureux. Dans la situation délicate où elle se trouvait, Silvia risquait d'être obligée de se découvrir. L'intervention de son père lui permet de n'en rien faire. Par ailleurs, la sécheresse polie de monsieur Orgon et les impertinences de Mario font sentir à « Bourguignon » l'état d'infériorité où le met son travestissement ; elles l'incitent donc à se découvrir. **Ce sont bien les metteurs en scène de l'intrigue** qui interviennent lorsque son évolution ne leur convient pas. Le spectateur a donc le plaisir de partager avec le metteur en scène une connivence très valorisante que celui-ci souligne en multipliant à plaisir les équivoques (« mes enfants », « vous vous convenez parfaitement tous les deux »).

## 29 COMMENT MONSIEUR ORGON ET MARIO SE PARTAGENT-ILS LES RÔLES DANS LEUR INTERVENTION AUPRÈS DE SILVIA ? (II, 11)

***Mario joue un rôle plus ironique et incisif que son père***

Monsieur Orgon et Mario semblent jouer **un numéro de duettistes parfaitement élaboré**. Monsieur Orgon engage les questions : « Eh bien, Silvia, vous ne nous regardez pas, vous avez l'air tout embarrassé ». Et lorsque Silvia croit avoir répondu, Mario prend à son tour l'offensive : « Il y a quelque chose, ma sœur, il y a quelque chose. » Le même processus se répète pendant toute la scène, et Silvia passant sans cesse d'un interlocuteur à l'autre est profondément déstabilisée. Cette méthode, qui s'apparente aux interrogatoires policiers, paraît profondément cruelle ; mais le spectateur connaît la bienveillance des deux hommes ; leur connivence sur scène dédramatise la véritable torture de la jeune fille.

Le partage des rôles permet aussi de respecter les personnalités. Monsieur Orgon est profondément tendre à l'égard de sa fille, il joue un rôle de père respectable (« gardez-vous-en bien, ma fille, je viens ici pour vous le recommander ») ou se montre plus ironique (« Oui, le galant Bourguignon »). **Mario taquine davantage sa sœur** qui lui reproche son « air mystérieux » ; sa réflexion « Je ne vois pas de mal à cela » est prononcée de telle façon que Silvia ne peut y voir qu'une antiphrase et qu'elle éclate. En raison de son âge, Mario peut aussi employer un langage plus brutal que celui de son père : lorsqu'il reprend en écho les paroles de son père, « ce garçon » devient « ce babillard » ; il n'inspire plus « une extrême antipathie » à l'égard de son maître, mais « a un peu dégoûté [Silvia] de lui ». À la fin de la scène, c'est Mario qui porte le coup décisif : « Tu n'en es pas tant la maîtresse que tu le dis bien » ; et, alors que son père s'en tient aux faits, il interprète le ton de sa sœur qui a, selon lui, « tendrement ajouté : Volontiers ». Enfin, c'est lui qui intervient en faveur de « Bourguignon », conscient que cela obligera sa sœur à prendre le parti inverse, contre sa volonté.

En outre monsieur Orgon remarque : « Tu te retiens, ma fille, tu aurais grande envie de me quereller aussi ». Mais ce serait une inconvenance grave. **La présence de Mario permet donc à Silvia d'exprimer la violence des sentiments qu'elle éprouve, d'en informer les spectateurs, et d'en prendre elle-même conscience.**

## 30 LORSQUE DORANTE A AVOUÉ SON IDENTITÉ, QUE SIGNIFIE L'APARTÉ DE SILVIA : « AH ! JE VOIS CLAIR DANS MON CŒUR. » ? (II, 12)

***En s'écriant : « Ah ! je vois clair dans mon cœur. », Silvia reconnaît qu'elle est amoureuse de Dorante ; elle constate aussi avec émerveillement qu'elle est capable d'un sentiment qu'elle ignorait.***

Au début de la scène 12, Silvia se trouve dans un état d'**exaspération extrême**. Elle vient de subir les remarques ironiques de son père et de son frère. Elle a dû nier vigoureusement un sentiment dont elle a pris ainsi confusément conscience. En s'écriant : « Ah, que j'ai le cœur serré ! », elle attribue cet état à l'humiliation qu'elle a subie. Mais elle reconnaît : « je ne sais ce qui se mêle à l'embarras où je me trouve ». Ce « je ne sais » traduit son **aveuglement volontaire**, son refus de savoir. Aussi l'arrivée de « Bourguignon » lui paraît-elle insupportable : il est la cause de son humiliation ; elle redoute ses démonstrations intempestives. Ses réponses restent donc sèches, à la limite de l'agressivité ; et quand Dorante parle encore de son amour, le départ qu'elle esquisse est une fuite.

Mais Dorante entreprend d'avouer la substitution d'identité. Les réponses de Silvia changent alors : leur extrême brièveté n'est plus signe d'ennui mais **d'impatience**. Pourtant Dorante fournit des informations claires. Silvia a sans doute tout compris lorsqu'en parallèle au « qui es-tu donc ? » qui précède, elle demande « qui est-il donc ? » ; mais son aveuglement volontaire lui interdit toute interprétation. Elle a besoin de s'entendre dire ce qu'elle sait. Et lorsque Dorante lâche enfin : « C'est moi qui suis Dorante. », elle soupire en aparté : « Ah ! je vois clair dans mon cœur. » À partir du moment où l'obstacle social a disparu, Silvia peut **reconnaître ses sentiments**. Sa découverte ne peut que faire sourire le spectateur qui a depuis longtemps observé l'amour de la jeune fille et sa mauvaise foi.

L'exclamation de Silvia traduit aussi la **satisfaction de se comprendre enfin**. Elle s'est déguisée pour découvrir le mari qui lui était promis ; elle se découvre elle-même, capable d'amour, après avoir cru coupables tous les sentiments sincères qu'elle éprouvait. Silvia est tout entière plongée dans le bonheur de sa découverte. Il n'est pas question qu'elle y renonce aussitôt, même pour partager avec Dorante un amour mutuel. Lorsque son frère arrive pour tout lui expliquer, elle ne lui laisse pas le temps de parler : éblouie par son bonheur, elle veut le faire contempler.

## 31 POURQUOI SILVIA NE RÉVÈLE-T-ELLE PAS SON IDENTITÉ DÈS QUE DORANTE LUI A AVOUÉ LA SIENNE ? (II, 12)

***Silvia veut que Dorante en vienne à l'épouser malgré son déguisement.***

Les contemporains de Marivaux ont été sévères à l'égard de la fin de la pièce. Le *Mercure de France* a remarqué : « On aurait voulu que le second acte eût été le troisième, et l'on croit que cela n'aurait pas été difficile ; la raison qui empêche Silvia de se découvrir après avoir appris que Bourguignon est Dorante, n'étant qu'une petite vanité, ne saurait excuser son silence ». En fait le risque couru par Dorante était assez limité : il n'aurait pas été déshonoré pour avoir fait la cour à une servante. Silvia a couru des risques d'une autre importance en se mettant en situation de recevoir les hommages d'un valet (I, 3). **La satisfaction d'amour-propre qu'elle se donne est donc une forme de revanche** ; elle dépasse le niveau de la simple coquetterie.

On peut aussi voir dans ce silence le refus de faire cesser un jeu auquel Silvia a d'abord pris tant de plaisir. L'impératif « Cachons-lui qui je suis… » semble renforcer la connivence avec le public que suppose tout aparté. Maintenant que Dorante a avoué son identité, Silvia se retrouve dans la situation qu'elle avait envisagée au début de la pièce. Au moment où elle voit clair en elle-même, **elle souhaite jouir de la liberté que le masque lui autorise** : les compliments de Dorante sont devenus licites ; et elle va pouvoir les écouter sans la contrainte qui s'impose à l'égard d'une jeune fille de son milieu. Elle adopte donc le langage respectueux d'une servante, alors que Dorante la tutoie toujours familièrement. Et cette conversation amoureuse qu'elle refusait avec tant d'énergie au début de la scène, elle la provoque sans vergogne : « Votre penchant pour moi est-il si sérieux ? m'aimez-vous jusque-là ? »

Mais Silvia dépasse avec enthousiasme son projet initial ; elle avait observé : « je ne haïrais pas de lui plaire sous le personnage que je joue ». Elle veut maintenant se faire épouser sous son costume de domestique. Dorante lui a dit qu'il était prêt à « renoncer à tout engagement ». Silvia veut que Dorante dépasse cette position encore très raisonnable et qu'il éprouve le vertige du triomphe du cœur sur la raison qu'elle a elle-même ressenti lorsque Dorante était à ses pieds. Plus que la satisfaction égoïste de son amour propre, **elle cherche à reculer plus encore les bornes de cette raison** qui a failli la faire passer à côté du bonheur.

## 32 POURQUOI MARIO INTERDIT-IL À DORANTE DE COURTISER « LISETTE » ? (III, 2 ET 3)

***Mario prétend vouloir s'« attacher sérieusement à Lisette » et cherche ainsi à piquer la jalousie de Dorante.***

À l'acte I, après avoir annoncé son intention de « les agacer tous deux », Mario avait averti « Bourguignon » : « s'aimer, c'est une autre affaire ; vous ne savez peut-être pas que j'en veux au cœur de Lisette, moi qui vous parle. » Aussi, à la fin de l'acte II, Silvia a demandé à son frère : « il faudra feindre de m'aimer ». Dès la deuxième scène de l'acte III, peu de temps après la prière de sa sœur, semble-t-il, Mario entreprend de piquer la jalousie de Dorante. Il commence par lui parler avec dédain, passe du vouvoiement au tutoiement, souligne la condition servile de « Bourguignon » : « Vous avez le langage bien précieux pour un garçon de votre espèce ». Il l'accuse donc d'imiter « l'homme de condition » ; l'expression inverse ironiquement la réalité. Mais par ces provocations répétées, **Mario se pose en rival de Dorante et provoque sa haine**.

Mario affirme donc qu'il lui déplaît « d'avoir Bourguignon pour rival » et lui défend de s'adresser davantage à Lisette : il l'aime en effet « assez pour s'attacher sérieusement à elle, dès qu['il] aur[a] pris de certaines mesures ». Il n'est pas question d'imaginer ici que Mario veuille épouser « Lisette » ; comment aurait-il pu évoquer une telle éventualité devant son père à l'acte I ? Ces mesures mystérieuses consistent sans doute dans l'acquisition d'un logement où il installerait la servante devenue sa maîtresse. **Son projet se résume donc à des amours ancillaires** d'une grande banalité. Mais peut-on être certain que Dorante n'a pas caressé cette éventualité ? En la voyant envisagée par Mario sur un ton si cassant, il ne peut qu'en observer la bassesse et y renoncer.

Or Mario ajoute : « j'espère que la raison me gagnera son cœur ». Que vaut donc une raison qui condamnerait les servantes à se vendre aux maîtres ? Dorante sait qu'il a obtenu l'amour de Lisette, qui serait prête à répondre à ses sentiments si elle ne craignait pas « de le jeter dans un engagement qui lui ferait tort ». **L'intervention de Mario discrédite la position de la raison** et ouvre donc la voie à un choix plus généreux. La morgue que Mario manifeste à la fin des scène s 2 et 3 ne peut que donner envie à Dorante de lui prouver que, de fait, il est bien « fait pour lutter contre lui ».

## 33 EN QUOI L'ARRIVÉE DE « LISETTE » MODIFIE-T-ELLE LES RÉACTIONS DE DORANTE ? (III, 3)

***Devant « Lisette », qui connaît sa condition, Dorante supporte mal l'humiliation que lui fait subir Mario.***

Pendant la scène 2, Dorante s'est laissé traiter par Mario comme un domestique : il a dû supporter son ironie et sa morgue ; et quand il s'est rebiffé, Mario l'a rappelé à ses devoirs (« modère-toi un peu »). Il a appris aussi que « Lisette » ne s'est pas laissée impressionner par la proposition d'un homme de condition, et qu'elle est trop noble pour se laisser acheter. Mario lui a dit pour finir : « Ta livrée n'est pas propre à faire pencher la balance en ta faveur, et tu n'es pas fait pour lutter contre moi. » ; sa livrée n'étant qu'un masque provisoire, Dorante ne peut comprendre cette phrase que comme une déclaration de guerre.

À la scène 3, l'entrée de Silvia, sans doute concertée avec son frère, vient compliquer son rôle : devant cette jeune fille qui connaît sa véritable condition, Dorante ne peut s'avilir. Il montre donc plus de fierté face à Mario et refuse de lui obéir : « J'attends qu'elle me l'ordonne. » La seule autorité qu'il reconnaît ici est celle du cœur. Ainsi **Dorante est conduit à remettre en cause**, dans ses rapports avec Mario, **les règles sociales qu'il hésite encore à bafouer** en épousant « Lisette ».

Cependant, les deux domestiques supposés continuant leur conversation malgré ses ordres, Mario finit par se fâcher et exige le départ de « Bourguignon » : « En vérité, je joue ici un joli personnage ! qu'il sorte donc ! à qui est-ce que je parle ? » Et Dorante est dans l'incapacité de savoir quels sont les sentiments de « Lisette ». Cette scène constitue donc une métaphore de la situation de Dorante : les règles sociales lui interdisent de donner libre cours à ses sentiments. Et **sa jalousie** à l'égard de Mario **l'incite à la révolte**. Mais il n'est pas encore prêt à transgresser les règles : il est donc réduit à manifester sa souffrance dans un aparté et fait porter à « Lisette » la responsabilité de sa propre faiblesse : « Vous ne demandez peut-être pas mieux. »

Ainsi troublé, ayant perdu tous ses repères, Dorante est préparé à la décision héroïque de « trahir sa fortune et sa naissance ».

## 34 À TRAVERS QUELLES IMAGES LISETTE ET SILVIA DÉSIGNENT-ELLES LA CONQUÊTE DE L'HOMME QU'ELLES DÉSIRENT ÉPOUSER ? (III, 4 ET 5)

***Pour désigner la conquête de Dorante, Silvia utilise la métaphore militaire ; à propos d'Arlequin, Lisette parle d'un travail artisanal.***

Pour remercier son père de la liberté qu'il lui laisse, **Silvia** traduit son enthousiasme à travers une avalanche de superlatifs : « c'est une aventure dont le seul récit est attendrissant, c'est le coup du hasard le plus singulier, le plus heureux, le plus... ». Mais quelques instants plus tard elle ajoute : « Dorante est vaincu et j'attends mon captif ». Elle **file** ensuite **la métaphore militaire** à travers les mots « triompher, victoire, combat ». La référence à la guerre est connotée très positivement dans le milieu auquel appartient Silvia ; mais en outre cette image traduit la maîtrise que la jeune fille tient à conserver sur tous les événements.

**Quant à Lisette**, lorsqu'elle obtient le droit de faire en sorte que Dorante l'épouse, elle demande : « ayez donc la bonté de me laisser le champ libre, il s'agit ici de mon chef-d'œuvre. » Cette expression traduit l'émotion de la jeune fille avant une épreuve qui va décider de toute sa vie. En outre, la **séduction de « Dorante » s'apparente donc pour elle à un artisanat**. Elle disait d'ailleurs au début de la scène : « j'ai travaillé comme pour moi, et vous verrez de l'ouvrage bien faite, allez, c'est une tête bien conditionnée ». Ce langage est bien celui qui convient à une femme de chambre, souvent chargée de travaux d'aiguille par sa maîtresse ; il correspond aussi à la façon méthodique dont Lisette croit séduire un homme de condition. Les propos de la servante fournissent donc un contrepoint ironique aux images guerrières de Silvia : les deux jeunes filles se veulent maîtresses du jeu.

Il faut cependant établir une différence entre la maîtresse et la servante. Lisette ne désigne Arlequin que par métonymie comme « une tête bien conditionnée » ; elle lui dénie toute liberté. Silvia veut « arracher [sa] victoire », mais elle situe le combat « entre l'amour et la raison » de Dorante. Sa victoire sera donc aussi celle de Dorante sur lui-même. Lorsque monsieur Orgon parle d'une « insatiable vanité d'amour-propre », il n'a pas compris qu'il s'agit aussi d'une forme de générosité : en exigeant de lui ce qu'aucun honnête homme ne devrait accomplir, **Silvia montre combien elle estime Dorante et l'aide à faire triompher son cœur.**

## 35 PAR QUELS DÉTOURS LES DEUX VALETS S'AVOUENT-ILS MUTUELLEMENT LEUR CONDITION ? (III, 6)

***L'humilité excessive d'Arlequin finit par éveiller les soupçons de Lisette.***

Lorsqu'ils se retrouvent à la scène 6, Lisette et Arlequin ont un double souci. Ils ont obtenu de leurs maîtres respectifs le droit de se marier, mais ils se sont engagés l'un et l'autre à révéler leur véritable condition. **Arlequin** surtout semble soucieux de cet aveu délicat. Aussi, pour se donner plus d'aisance, reprend-il le langage précieux qui lui avait bien réussi jusqu'à présent. Les apostrophes « Ma Reine », « ma chère âme, élixir de mon cœur » font écho aux « Princesse » (scène 5), « prodige de nos jours » (scène 3) de l'acte II. On voit réapparaître la métaphore de l'amour nécessaire à la vie, les jeux d'esprit sur la main ou le présent qu'elle constitue. La grande confiance qu'il avait manifestée face à Dorante dans la scène 1 s'est effritée ; il **tente de retarder l'instant crucial**. Quant à **Lisette,** elle semble rassurée par les ordres de monsieur Orgon et elle est trop préoccupée par le souci d'assurer ses avantages pour remarquer la gêne de son partenaire. Elle **l'encourage à s'engager vraiment** : « vous pouvez lui demander ma main quand vous voudrez. » ; « je ne refuse pas de vous la prêter un moment à condition que vous la prendrez pour toujours »

Cependant les assauts d'humilité de part et d'autre commencent à devenir excessifs. Et dans son trouble **Arlequin se laisse trahir par son langage** : il s'écrie « que nenni », utilise des expressions familières : « ne plus savoir où se mettre », « vous ne vous attendez pas au fond du sac », « et voilà où gît le lièvre ». Devant les soupçons de Lisette, il a encore recours aux images : personnification de l'amour, comparaison de la fausse monnaie, métaphore militaire. Mais la soubrette multiplie alors les questions pressantes, et pour finir comprend la périphrase embarrassée

**Il faut alors** sans doute **imaginer des *lazzi*** qui n'apparaissent pas dans le texte. En effet « la jolie culbute » que reconnaît Arlequin est peut-être accompagnée d'une de ces acrobaties que le public appréciait tant. En outre si Arlequin n'a pu éviter un « faquin » insultant, jamais il ne s'est nommé ; pourtant Lisette le nomme par son nom : elle a sans doute reconnu son costume traditionnel sous ses beaux habits dérangés par la pirouette. En tous cas la bonne humeur générale correspond plutôt au plaisir du théâtre qu'à une vérité psychologique douteuse. Alors même qu'il n'est plus utile, le jeu continue.

## 36 POURQUOI ARLEQUIN NE RÉVÈLE-T-IL PAS À SON MAÎTRE LE TRAVESTISSEMENT DE LISETTE ? (III, 7)

***Arlequin se plaît à continuer le jeu, en toute conscience maintenant.***

Lorsque les deux domestiques se reconnaissent pour ce qu'ils sont, Lisette comprend sans doute aussitôt l'étonnante générosité de monsieur Orgon et de Silvia à son égard ; tous leurs consentements (III, 5) et leur ton ironique s'expliquent s'ils étaient avertis de la substitution. Mais elle remarque : « il y apparence que ton maître est encore dans l'erreur à l'égard de ma maîtresse, ne l'avertis de rien, laissons les choses comme elles sont ». Peut-être veut-elle, par dépit, tirer vengeance d'un homme qui n'a pas daigné la considérer, alors qu'il aurait dû voir en elle sa future épouse. Arlequin en tout cas doit avoir **le désir de se venger** : il peut maintenant négliger son rôle d'emprunt et s'amuser de voir Dorante contraint de tenir le sien. Puisqu'il n'a plus rien à craindre, il renonce à l'humilité servile de la première scène de l'acte et ose menacer son maître.

Mais sans doute **le plaisir du jeu** est-il une motivation essentielle. En se quittant, les deux valets s'étaient cérémonieusement salués, pour le plaisir. De même lorsqu'Arlequin raconte à Dorante sa conversation avec « la fille d'Orgon », il part de la vérité en évoquant la périphrase de l'habit d'ordonnance, mais il s'amuse à imaginer la réponse dont peut-être il avait rêvé. C'est pour le plaisir aussi qu'il évoque monsieur Orgon en jouant sur le contraste entre la familiarité du vocabulaire et l'usage pittoresque du nous de majesté : « notre père ? ah, le bon homme, nous l'avons dans notre manche » ; les protestations de Dorante laissent imaginer que ces mots devaient être accompagnés de *lazzi* qui en soulignaient la saveur. Il triomphe enfin dans le pastiche de l'homme du monde élégant et dédaigneux qui termine la scène : « Lisette ! non ; peut-être a-t-elle passé devant mes yeux, mais un honnête homme ne prend pas garde à une chambrière. »

La virtuosité que manifeste ici Arlequin est vertigineuse. **Dorante** se montre d'abord dédaigneux : « Quelle sotte histoire me contes-tu là ? » Mais il est rapidement dépassé et **ne sait plus ce qu'il doit croire**. Ses protestations (« Quel extravagant ! », « la tête te tourne ») semblent dénoncer la folie d'Arlequin ; elles constituent aussi un aveu de désarroi. Marivaux l'a ainsi préparé à prendre l'engagement invraisemblable d'épouser une soubrette. Silvia peut entrer.

## 37 PAR QUELS MOYENS SILVIA CHERCHE-T-ELLE À PERSUADER DORANTE DE L'ÉCOUTER ? (III, 8)

***Pour que Dorante l'écoute favorablement, Silvia rappelle nettement sa condition de domestique.***

En provoquant la jalousie de Dorante avec l'aide de Mario, Silvia a mis Dorante en colère (III, 3). Lorsqu'elle le retrouve, **elle joue donc d'abord un rôle de jeune servante modeste** pour renouer un dialogue devenu délicat. Dorante remarque en effet : « Qu'elle est digne d'être aimée ! », mais il feint l'indifférence et s'inquiète seulement du message que « Lisette » lui apporte. Celle-ci souligne donc sa bonne volonté : la répétition anaphorique de l'expression « j'ai eu beau [...] » met en valeur ses efforts. Puis elle joue la naïveté (« Comme je ne sais pas vos raisons, je ne puis ni les approuver ni les combattre. ») et la modestie (« Il y a bien certaines choses que je pourrais supposer ; mais [...] je n'ai pas la vanité de m'y arrêter »). Toutes ces manœuvres ne parviennent pourtant pas à modifier l'attitude de Dorante ; et Silvia, agacée et émue par un échec possible (« Quoi, sérieusement, vous partez ? »), adopte un ton ironique qui précipite le départ du jeune homme.

**Silvia en vient alors à douter de son pouvoir**. Jouant jusqu'au bout, elle prend une décision en forme de pari : « S'il part, je ne l'aime plus, je ne l'épouserai jamais... » La fermeté du ton traduit le dépit de cette jeune fille qui vit une première expérience amoureuse, qui a découvert avec émerveillement ses pouvoirs, et qui n'imaginait plus d'échec possible. Pour que le test garde un sens, il lui est impossible d'intervenir : « je ne saurais le rappeler ». Elle ne peut qu'assister impuissante et accablée à la ruine de tous ses espoirs. Sa mauvaise foi ne lui sert qu'à reporter la faute sur son frère.

Quand enfin Dorante revient sur ses pas, cela constitue pour elle **une première victoire, qu'elle confirme en feignant de s'en aller à son tour**. Il faut donc que Dorante la rappelle et s'adresse à elle comme à la jeune fille qu'il aime, et non plus comme à une servante. Elle a alors beau jeu de **rappeler comme un reproche sa condition supposée** : « je ne suis qu'une suivante, et vous me le faites bien sentir. » Dorante ne peut que protester. Au moment crucial, Silvia va donc réaliser ce qu'avait compris son père : « C'est-à-dire que tu veux qu'il sente toute l'étendue de l'impertinence qu'il croira faire » (III, 4). Pour la mériter, Dorante doit avoir conscience de « trahir sa fortune et sa naissance ».

## 38 COMMENT SILVIA S'Y PREND-ELLE POUR MANIFESTER À DORANTE L'INÉGALITÉ DE LEURS ENGAGEMENTS RESPECTIFS ? (III, 8)

***En rappelant sa condition supposée de domestique, Silvia exprime l'infériorité dont elle souffre en tant que femme.***

Après avoir mis Dorante en situation de l'écouter, Silvia se lance dans une longue tirade où elle s'engage à parler « à cœur ouvert ». Et **pourtant elle se masque toujours derrière son travestissement**. Sans remettre en cause les sentiments de Dorante, elle en souligne la fragilité : « Vous m'aimez, mais votre amour n'est pas une chose bien sérieuse pour vous ». En effet, si la distance qui les sépare interdit en principe le mariage, la promesse faite au deuxième acte de « renoncer à tout engagement » ne paraît pas crédible : la vie des salons est l'occasion de multiples rencontres ; on y pratique la séduction comme un sport, et l'on a vu que Dorante y était expert. En revanche la jeune servante séduite n'a aucun recours : si elle n'a pas le malheur de se retrouver enceinte, le mariage avec un jeune homme de son milieu lui apparaît très décevant : « qui voulez-vous que mon cœur mette à votre place ? »

Mais on peut être frappé de la passion qui s'exprime ici. Tout l'appareil rhétorique de cette longue tirade traduit une violente émotion. C'est que Silvia n'a pas menti en disant : « Je vais vous parler à cœur ouvert. » Si elle feint de parler des rapports des maîtres avec les servantes, **c'est en fait des hommes et des femmes en général qu'elle parle**. « La distance qu'il y a de vous à moi », c'est aussi l'antagonisme des sexes, l'inégalité qui règne dans la société ; et la liberté de ces hommes tentés par les plaisirs de la vie mondaine rappelle les portraits de la première scène. On retrouve donc ici cette angoisse de l'abandon que Silvia avait déjà exprimée en des termes très forts, et qui a été ravivée par le sentiment que Dorante s'en allait pour toujours, quelques instants plus tôt.

Cependant cette émotion sincère se mêle à **une indiscutable manipulation**. Lorsqu'elle sent que Dorante est ému par son discours, Silvia avoue son amour par prétérition : elle prétend ne pas dire ce qu'elle exprime clairement : « vous voyez bien que je vous les cache ». Elle s'exprime par antiphrase, affirmant le contraire de ce qu'elle fait fort bien comprendre. Cette rouerie, qui pourrait paraître cynique, est sauvée par la sincérité des sentiments qui l'inspirent. À la fin de la scène, après s'être écriée : « Enfin, j'en suis venue à bout », elle s'écrie sincèrement : « Que d'amour ! »

## 39 EN QUOI CONSISTE LE BONHEUR DE DORANTE DANS LES DERNIÈRES SCÈNES ? (III, 8 ET 9)

***Plus que de la réalisation du mariage, Dorante est heureux de la modification qu'il a perçue en lui-même.***

Lorsque « Lisette » lui a laissé entendre l'amour qu'elle lui portait, Dorante s'est écrié : « tes paroles ont un feu qui me pénètre ». Malgré sa banalité, la métaphore est éclairante. Dorante est bouleversé au plus profond de lui-même ; si le feu évoque la passion, il est aussi symbole de purification, de destruction. Ce n'est pas par un raisonnement ni en observant Silvia que Dorante prend conscience de l'amour dont il est l'objet : « vous êtes sensible à ma tendresse : je ne saurais en douter au transport qui m'a pris » ; **l'amour de l'autre est éprouvé au plus profond de soi**. Tout obstacle disparaît alors : ni les préjugés sociaux ni les sentiments de pudeur ou de discrétion n'ont plus d'importance : « ne gênez donc plus votre tendresse ». Il s'agit bien d'un bouleversement profond pour Dorante dont le travestissement témoignait d'une défiance profonde : il voulait voir si, outre la convenance sociale, Silvia pouvait être raisonnable, sinon aimable ; il en arrive à aimer profondément « Lisette », contre toute raison, malgré les obstacles sociaux. Et **ce changement profond est durable** : Dorante affirme : « je ne changerai jamais » ; et cette affirmation est reprise deux fois par Silvia, à la troisième personne, avec émerveillement, puis à la deuxième, pour s'en assurer encore. Un nouvel être s'est substitué au premier ; l'amour est garant de la métamorphose.

Silvia ne révèle pourtant pas aussitôt son nom. Dans son enthousiasme, elle s'adresse à monsieur Orgon : « Ah, mon père, vous avez voulu que je fusse à Dorante, venez voir votre fille vous obéir ». La multiplication des indices (insistance sur les rapports de filiation, jeu des pronoms personnels, rappel du projet de mariage) laisse penser qu'il ne s'agit pas d'une négligence. Silvia a voulu laisser Dorante découvrir l'étendue de ce bonheur ineffable : « Je ne saurais vous exprimer mon bonheur ». Mais il ne faut pas imaginer que **Dorante** est seulement soulagé de voir les difficultés s'aplanir : **il est émerveillé d'avoir été mis en situation de manifester une richesse de sentiments qu'il n'imaginait pas** : « ce qui m'enchante le plus, ce sont les preuves que je vous ai données de ma tendresse. » La « délicatesse » de Silvia a consisté à l'aider à se surpasser ainsi.

## 40 PEUT-ON DIRE QU'À LA FIN DE LA PIÈCE LE JEU EST ACHEVÉ ? (III, 9)

***La pièce s'achève sur une note très optimiste : la confiance l'a emporté sur le jeu.***

Dans la dernière scène, monsieur Orgon montre à Dorante la lettre de son père, qu'il avait lue à Mario au premier acte. La pièce semble se refermer en boucle. Et il précise « Voilà par où j'ai appris votre déguisement, qu'elle n'a pourtant su que par vous » : il ne veut pas que Dorante puisse se croire manipulé. Mais ainsi Silvia comprend que son père et son frère l'ont jouée elle aussi depuis le début de la pièce. Cependant elle n'en dit rien. On peut bien sûr imaginer que son bonheur lui suffit, ou au contraire invoquer un amour propre qui l'incite à la réserve. N'est-ce pas plutôt que **Silvia reconnaît chez son père la même « délicatesse » dont elle se glorifie à propos de Dorante** ? En lui cachant le déguisement de Dorante, monsieur Orgon a pris le risque de voir échouer l'union qu'il avait projetée ; mais il a fait confiance à sa fille et lui a permis de découvrir en elle des émotions qu'elle n'aurait pu imaginer si elle avait seulement manipulé Dorante.

Le commentaire d'Arlequin tire donc la leçon de la pièce. Il rappelle au premier degré la découverte de la vérité : depuis que Lisette s'est révélée servante, Arlequin ne peut plus espérer aucun avantage financier, Lisette vaut mieux que sa dot ; en outre Arlequin a découvert que les sentiments sont plus importants que la situation sociale. Mais cette remarque peut aussi s'appliquer aux deux jeunes maîtres : avant le début de l'action, le mariage de Dorante et Silvia n'était qu'une alliance sociale ; les deux pères s'étaient entendus sans avoir seulement vu les fiancés ; à la fin de la pièce, Dorante a reconnu que ce n'était pas là l'important. **Les relations personnelles de confiance ont succédé aux relations sociales de défiance**. À ce niveau le « jeu » des masques est terminé.

Quel sera donc l'avenir des deux couples ? Silvia était très optimiste : « si vous saviez combien tout ceci va rendre notre union aimable, il ne pourra jamais se rappeler notre histoire sans m'aimer, je n'y songerai jamais que je ne l'aime ; vous avez fondé notre bonheur pour la vie » (III, 4). Et dans la dernière scène Dorante semble confirmer son propos. Si Arlequin prend pour finir la parole, c'est qu'il est le plus apte à exprimer une joie sans partage ; c'est peut-être aussi qu'il est depuis le début de la pièce le plus sincère, le plus bouffon dans ses tentatives de travestissement. Il ne sera plus « Marquis » que pour une cabriole.

# ■ 4 ÉTUDES

## I LE THÉÂTRE-ITALIEN

Silvia et Dorante, Arlequin et Lisette, Orgon et Mario : dès la lecture de la didascalie initiale, on est frappé de voir systématiquement associés un nom traditionnel dans le théâtre français et un nom d'origine italienne. Il faut rappeler qu'en 1730 on dénombrait quatre salles officielles de spectacle à Paris : le Théâtre-Français (Comédie-Française), le Théâtre-Italien, l'Opéra, et la salle des machines aux Tuileries pour les ballets, auxquelles s'ajoutaient les théâtres de la Foire. Or, sur trente-huit pièces, Marivaux en a écrit vingt et une pour les Comédiens-Italiens. Il avait sans doute trouvé chez eux un mode de jeu et des interprètes qui lui convenaient particulièrement.

### 1 LES COMÉDIENS-ITALIENS

#### A▶ HISTORIQUE

Dès la seconde moitié du XVIe siècle, Catherine de Médicis fit venir à Paris des comédiens italiens qui importèrent ce qu'on allait appeler la *commedia dell'arte* : les acteurs incarnaient des types théâtraux fixes (Pantalon, Arlequin, Pierrot, le premier amoureux...), et improvisaient à partir de canevas rédigés. Jouant souvent en italien, ils avaient recours à une gestualité riche et codifiée. Leurs pièces étaient souvent très libres, grivoises et satiriques. En 1697, sous la pression de madame de Maintenon ou à cause de la jalousie des Comédiens-Français, ils furent chassés sur ordre du roi.

Les troupes de la Foire en profitèrent pour reprendre certains types et des canevas familiers aux fidèles des Italiens. Un public très éclectique venait y regarder des spectacles dotés de la vie et de la liberté qui avaient disparu des salles officielles.

**À la mort de Louis XIV, le Régent rappela des comédiens italiens qui arrivèrent en 1716**. Cette troupe, qui joua d'abord en italien, puis peu à peu en français, était dirigée par Luigi Riccoboni, dit Lelio, un véritable metteur en scène et animateur de troupe. Marivaux devait devenir un de leurs auteurs favoris.

## B▶ LES REPRÉSENTATIONS

La salle de l'hôtel de Bourgogne ressemblait à celle de la Comédie-Française. La scène, déjà étroite, était encombrée par les banquettes où s'installaient des spectateurs privilégiés. Dans le public, nombreux (sept cents spectateurs debout au parterre) et turbulent, le peuple n'était guère présent : les domestiques en livrée n'étaient pas admis ; les spectacles débutaient pendant la journée de travail.

Les représentations commençaient en effet dans l'après-midi, à cinq heures et quart, et duraient parfois jusqu'à neuf heures : elles comprenaient en général une grande pièce suivie d'une petite, et des divertissements musicaux. Les décors, très simples, servaient essentiellement à désigner un lieu et à masquer les coulisses ; les acteurs jouaient le plus souvent debout. Le rideau restait levé du début à la fin de la pièce : les éventuels changements de décor se faisaient donc à vue. De plus, l'éclairage produit par des lustres permettait de voir aussi bien les spectateurs que la scène : **il était difficile de maintenir l'illusion théâtrale**.

Mais, à la différence du **jeu** essentiellement statique des Comédiens-Français, celui des Italiens était **fondé sur l'action**. Les Comédiens-Italiens, formés à l'improvisation, devaient tenir compte de leurs partenaires pour pouvoir enchaîner. Les *lazzi*, ces mimiques muettes indiquées par les didascalies ou improvisées par l'interprète, étaient particulièrement appréciés. **Une interprétation très vivante** compensait donc des conditions matérielles, normales au XVIII$^{e}$ siècle, mais qui seraient difficilement supportables de nos jours.

## C▶ LES ACTEURS

Après le départ, en 1729, de Lelio et de sa femme Flaminia, la troupe reposa sur trois figures marquantes : Silvia, Mario et Arlequin, ceux-là même dont les noms se retrouvent dans *Le Jeu de l'amour et du hasard*.

Zanetta Benozzi, appelée au théâtre **Silvia** (cf. question 2), **était la *prima donna*, la première amoureuse**, depuis 1718. Elle avait trente ans en 1730. À la fin des comédies, c'était le plus souvent elle qui épousait le premier amoureux, Lélio avant 1729 ; mais il lui arrivait aussi d'épouser Arlequin. Cette actrice, réputée pour son « action » pour la façon dont elle « entre vivement dans la passion », passait pour l'actrice favorite de Marivaux, dans des rôles écrits à son intention, mais auxquels elle s'était sans doute également adaptée. Silvia était mariée à Mario Baletti, le Mario du *Jeu de l'amour et du hasard*, spécialiste des rôles de second amoureux.

Thomaso Vicentini, dit **Thomassin**, né en 1682, **était un Arlequin spectaculaire**, capable de faire un saut périlleux avec un verre d'eau sans le renverser. On le disait « très joli sous le masque, pétri de grâces et charmant par ses manières et par sa naïveté ». Il jouait en effet avec le masque noir et l'habit à losanges, ainsi que deux accessoires traditionnels : le chapeau et la batte en bois tenant lieu d'épée. Marivaux semble avoir été fasciné par l'interprète et par le personnage qu'il a fait entrer dans près de la moitié de ses pièces.

## 2 LES COMÉDIENS-ITALIENS DANS *LE JEU DE L'AMOUR ET DU HASARD*

### A ▶ LES CONVENTIONS DU JEU

*Le Jeu de l'amour et du hasard* s'adapte aux conditions de la représentation au Théâtre-Italien ; il en tire même parti. Ainsi le lieu, une salle basse, sans caractère précis, convient bien à la modestie des décors. En outre **les spectateurs, habitués à un effort d'imagination** pour isoler le spectacle de la salle et des spectateurs installés sur la scène, acceptaient plus facilement les invraisemblances de l'intrigue. En particulier Arlequin pouvait être crédible en « honnête homme », alors qu'il portait toujours son masque et son costume à losanges sous un habit élégant.

Le public pouvait retrouver dans la pièce certains thèmes classiques : **satire sociale** par exemple, quand Arlequin remarque que « la retenue d'à présent [...] donne bien d'autres permissions » (II, 5), ou **grivoiseries**, facilement imaginables à partir de la « gourmandise » d'Arlequin ; ainsi lorsqu'Arlequin précise à Lisette : « si vous préfériez l'amour à la gloire, je vous ferais bien autant de profit qu'un monsieur » (III, 6), le rire qu'il obtient en réponse n'incite guère à une lecture sentimentale de cette expression.

### B ▶ LE JEU

Marivaux tire aussi parti de la **vivacité de l'interprétation**. Il suffit de lire la scène 8 de l'acte III pour apprécier le rôle des déplacements : Silvia s'approche de Dorante ; celui-ci entreprend de sortir ; puis il rentre et Silvia fait mine de sortir à son tour. C'est l'usage alterné des mouvements et des discours qui fait progresser les sentiments et l'action. Le ton des personnages est essentiel aussi ; Lisette commente celui de Silvia (« dès que vous le défendez sur ce ton-là [...] » II, 7) ; mais dans toute la pièce la variété des tons ne pourrait être rendue par la déclamation de rigueur à la Comédie-Française.

On s'est étonné de l'absence de ***lazzi*** notés dans la pièce. Est-ce que Marivaux évolue vers un théâtre plus bavard et sentimental ? C'est peut-être aussi qu'il a, en 1730, une telle familiarité avec les Italiens, qu'il laisse libre cours à leur improvisation. Pourtant à la fin de l'acte I, Arlequin propose à Dorante : « puisque le sérieux n'est pas suffisant, je donnerai du mélancolique, je pleurerai s'il le faut » (I, 9) ; or pour décrire les pleurs d'Arlequin, les témoignages de l'époque évoquent une sorte de mugissement répété au milieu des sanglots ; on comprend alors l'effroi de Dorante ! Il faut imaginer aussi qu'Arlequin fait effectivement une culbute lorsque Lisette le traite de « faquin » (III, 6) ; une fois découvert, il peut laisser exposer sa nature.

## C ▶ LES PERSONNAGES

**Marivaux a donc écrit sa pièce en fonction de ses interprètes.** On a déjà noté que la sensibilité de Silvia, son aptitude à passer d'un personnage à l'autre, ont pu inspirer la création du personnage. Le public qui savait que Silvia et Mario étaient mari et femme pouvait apprécier ironiquement leurs taquineries de frère et sœur, ainsi que la passion et la jalousie que feint Mario.

Quant à Arlequin, on retrouve dans la pièce sa gourmandise ainsi que son avidité dans le domaine de l'amour (I, 9 ; II, 2-3). La petite taille de Thomassin explique sans doute le « petit importun » dont l'apostrophe Lisette. Le bâton qu'il porte en guise d'épée,... est celui qu'il propose docilement d'aller chercher pour se faire battre (III, 1). Il évoque même le type théâtral qu'il représente lorsqu'il envisage de faire découvrir son « habit de caractère » (III, 1) : il s'agit de son costume bariolé, qui permettra aussitôt à Lisette de le nommer et qui dénonce sa condition : comment un « Arlequin » pourrait-il être un « honnête homme » ?

## CONCLUSION

Le Théâtre-Italien a depuis longtemps disparu. Une restitution « archéologique » n'aurait pas grand sens, puisque nos références sont de toutes façons très éloignées de celles du public de 1730. Le théâtre doit être sans cesse réinterprété par de nouveaux metteurs en scène. Mais il est bon de se rappeler, après une tradition qui l'a tiré vers une psychologie un peu froide, dans quelle atmosphère de santé et de vitalité on a créé *Le Jeu de l'amour et du hasard.*

# II LES « JEUX » DE L'AMOUR ET DU HASARD

*Le Jeu de l'amour et du hasard* : le titre de la pièce est si connu qu'on oublie de s'interroger sur son sens. De quelle sorte de « jeu » s'agit-il ? activité gratuite et libre ou soumise à des règles précises, les règles du jeu, jeu de hasard ou jeu du comédien interprétant son rôle ? L'amour et le hasard jouent-ils les hommes en les manipulant, ensemble ou en sens inverse ? ou joue-t-on au « Jeu » de l'amour et du hasard comme on joue à un jeu de cartes ou d'échecs ?

## 1 LE JEU DU HASARD

### A▶ LE HASARD DE LA VIE

Au début de la pièce, Silvia nous présente le mariage comme un véritable coup de dés. Dans la société aristocratique du XVIIIe siècle, et dans la bourgeoisie aisée qui cherche à en imiter les mœurs, **le mariage est un contrat**, qui ne suppose aucun sentiment de ceux qui s'y engagent. Une jeune fille risque donc de passer sa vie avec un homme « qui ne [lui] conviendra pas ». Dans les trois portraits que trace Silvia, c'est la figure de la femme malheureuse qui se dégage.

Pourtant Silvia connaît la bienveillance dont son père fera preuve dans la scène suivante. Cette crainte en masque en fait une autre : l'angoisse devant son avenir de femme, que l'absence de sa mère ne peut que renforcer. Encore adolescente, Silvia se complaît à l'idée de ne pas être comme les autres femmes. Elle se méfie d'un sentiment qui reste encore mystérieux pour elle. **Elle cherche donc à maîtriser ce jeu de hasard**, en évacuant d'abord le sentiment : « dans le mariage, on a plus souvent affaire à l'homme raisonnable qu'à l'aimable homme ». Elle place alors la question sur un terrain qu'elle croit connaître : il lui suffira d'« examiner un peu » Dorante pour jauger son caractère.

### B▶ LA RESTAURATION DU HASARD

Le hasard intervient alors dans le travestissement parallèle de Dorante. Monsieur Orgon souligne le **caractère invraisemblable de cette aventure** ; rien n'est « plus particulier ». Mais cette facilité théâtrale permet de donner plus de jeu encore au hasard. En rencontrant le jeune homme choisi par son père, Silvia se retrouvait du moins en territoire connu : les règles sociales limitaient le hasard. Le double travestissement va obliger les deux jeunes gens à se rencontrer sans ce garde-fou. Au lieu de s'aimer en raison de leur place dans la hiérarchie, il s'agit de voir « si leur cœur ne les avertirait pas de ce qu'ils valent » (I, 4).

Ce rétablissement paradoxal du hasard ne va pas sans risque : **en voulant se protéger, les deux jeunes gens se sont exposés**. Une fois engagée dans ce jeu, Silvia en comprend les risques et se révolte : elle demande à son père de lui permettre de retrouver sa place, et de se mettre ainsi à l'abri de « Bourguignon » et d'elle-même. Quand monsieur Orgon lui demande « de ne [se] déterminer à le refuser qu'avec connaissance de cause », ce propos, qui correspond exactement à son projet initial, lui paraît insupportable (II, 11).

### C► LA REVENDICATION DU HASARD

On pourrait donc penser que lorsque Dorante se démasque Silvia est heureuse d'échapper au hasard. Pourtant elle renonce à se faire connaître, attendant que Dorante accepte de l'épouser malgré son tablier de soubrette. **Il lui faut courir des risques** pour tester ces pouvoirs tout neufs qu'elle s'est découverts. Il faut aussi que Dorante se montre par son héroïsme à la hauteur des sentiments qu'elle se reconnaît.

Cette réévaluation du hasard atteint son sommet dans la scène 8 de l'acte III. Dorante, désespéré, a entrepris de sortir. Silvia fait alors un véritable pari : « S'il part, je ne l'aime plus, je ne l'épouserai jamais... ». C'est dans le risque que Silvia éprouve maintenant la force des sentiments. Elle pourra ensuite reprendre la manipulation qui conduira l'amour propre de Dorante à la défaite. La maîtrise de la raison s'est effacée derrière le frémissement du jeu du hasard.

## 2 LE JEU THÉÂTRAL

### A► LE THÉÂTRE DANS LE THÉÂTRE

Dans la première scène, Silvia avait dénoncé les masques de la vie sociale. Or pour percer ces masques et découvrir la vérité, Dorante et Silvia décident l'un et l'autre de se masquer. Ainsi protégés, ils espèrent entrer dans la situation du spectateur qui observe sans être vu. Mais ils deviennent malgré eux les acteurs principaux de la comédie.

Tout au long de la pièce, le lexique du théâtre vient rappeler que nous assistons à **une « comédie dans la comédie »**. Monsieur Orgon est le metteur en scène ou l'auteur, Mario un spectateur privilégié qui aurait le droit d'intervenir. Entre deux scènes où ils interprètent leur rôle de composition, les quatre autres personnages se trouvent parfois dans les « coulisses » de leur comédie et organisent la suite de leur interprétation. Le passage d'un niveau de jeu à l'autre est parfois délicat : « Pardi, Madame, je ne puis pas jouer deux rôles à la fois » (II, 7).

### B▶ LA LIBERTÉ DU JEU

Mario doit d'abord rappeler ironiquement Dorante et Silvia à leur personnage : « ce n'est point encore là votre jargon » (I, 6). Mais une fois surmontées les habitudes et la gêne, les deux jeunes gens trouvent un grand plaisir à ces conversations **libres de toutes les contraintes de la vie sociale**. Silvia croit savoir que les domestiques ont « coutume » de se dire « des douceurs », et s'autorise de son déguisement pour les écouter.

C'est pourquoi, à l'acte II, Dorante ne veut pas revenir au vouvoiement : il peut parler plus directement et plus sincèrement à une jeune fille qu'il tutoie : « ce n'est pas la peine de nous gêner. » Il reconnaît comme plus vrai ce travestissement qui le gênait au premier acte : ce sont maintenant les règles sociales de son milieu qu'il vit comme une gêne.

### C▶ LE PLAISIR DU JEU

À la différence des maîtres, les valets adoptent avec joie un travestissement qui répare à leurs yeux les injustices du sort. Lisette est fière de ses performances d'actrice (I, 2) et Arlequin se félicite : « mon commencement va bien » (I, 9). Ils éprouvent **ce plaisir de Saturnales** à donner des ordres à leurs propres maîtres (I, 2) ou à parler d'eux avec dédain (I, 10 ; II, 4).

Mais ils manifestent aussi une véritable **jubilation à jouer la comédie** et improvisent avec enthousiasme. Les excès ridicules de leur langage ne constituent pas une caricature consciente ; ils traduisent la découverte émerveillée d'un monde qui leur était fermé, et leur satisfaction à se rendre compte qu'ils peuvent y tenir leur rôle. La virtuosité avec laquelle Arlequin utilise successivement tous les tons, lorsqu'il se retrouve seul avec Dorante (III, 7 ; cf. question 36), est une sorte d'adieu brillant à ce plaisir de l'improvisation.

## 3 LA MANIPULATION

### A▶ UNE MOQUERIE

**« Jouer », c'est aussi « se jouer » des autres.** De fait, dès qu'il a appris le travestissement, Mario a remarqué : « C'est une aventure qui ne saurait manquer de nous divertir » (I, 4) ; et tout au long de la pièce il taquine sa sœur ; il oblige Bourguignon à la tutoyer, joue les amants jaloux, ironise, s'amuse des sentiments de Silvia : « ta joie est bien aussi divertissante que l'était ton inquiétude. » (III, 4)

Mario se donne aussi le plaisir de « se jouer » de son futur beau-frère, provoquant les rires de son père (I, 6). Monsieur Orgon relève l'incongruité d'Arlequin, dont il feint d'admirer la distinction (I, 10), ou de Lisette dont il plaisante les charmes (II, 1). Son ironie, mise en valeur par la connivence avec les spectateurs, semble l'expression de celle du destin, du jeu de l'amour et du hasard.

### B▶ LES MAÎTRES DU JEU

**Les metteurs en scène de ce jeu** sont donc Mario et monsieur Orgon, qui commencent par laisser faire : « je respecterais l'idée qui leur est inspirée à l'un et à l'autre » (I, 4), mais interviennent rapidement : Mario a décidé de « les agacer tous deux » et s'y emploie dès l'arrivée de Dorante. Il n'est plus ici spectateur ironique mais manipulateur. Monsieur Orgon agit ensuite auprès de Lisette (II, 1), puis de Silvia (II, 11) pour imposer le maintien du déguisement.

Mario intervient aussi directement en **jouant sur les sentiments** des deux jeunes gens, sur la mauvaise foi de sa sœur qu'il oblige à prendre parti contre Bourguignon et à constater ainsi de quel côté la portent ses sentiments, puis sur la jalousie de Dorante, manœuvre si efficace que Silvia elle-même lui demande de la répéter.

### C▶ UN JEU BIENVEILLANT

Mais la cruauté de ce jeu est dès le départ corrigée par la bonne volonté affirmée des deux maîtres du jeu. En imaginant son issue, Mario remarque : « Peut-être que Dorante prendra du goût pour ma sœur, toute soubrette qu'elle sera, et cela serait charmant pour elle. » (I, 4). Plus tard, après avoir poussé Silvia à bout, il éprouve des remords, et revient lui révéler la vérité : « Je viens te retrouver, ma sœur : nous t'avons laissée dans des inquiétudes qui me touchent : je veux t'en tirer » (II,13). **La tendresse familiale excuse donc un procédé contestable** en soi.

### CONCLUSION

On peut alors mesurer le chemin qui a été parcouru depuis le début de la pièce. Après avoir voulu déjouer les jeux du hasard et lutté contre ceux de l'amour, Dorante et Silvia sont contraints de reconnaître que c'est en se faisant jouer par ceux qui les aiment qu'ils ont pu obtenir le bonheur. La conclusion de la pièce est porteuse de l'optimisme bourgeois, qui fonde le bonheur sur la ruine des valeurs anciennes du destin ou de la raison et sur le pouvoir du sentiment vrai.

# III LE MARIVAUDAGE

On commença dès le XVIII$^{e}$ siècle à employer les termes « marivaudage » et « marivauder ». Ces mots, qui témoignent de la célébrité de l'écrivain, expriment les réserves que l'on faisait alors sur son style. On lui reprochait d'écrire d'une manière trop guindée et artificielle. Aujourd'hui encore le terme de « marivaudage » désigne une « recherche dans le langage et dans le style », ou un « manège de galanterie délicate et recherchée » (*Le Petit Robert*). De fait dans *Le Jeu de l'amour et du hasard,* Marivaux rend compte du langage particulièrement raffiné de la société mondaine de son temps ; mais il s'efforce aussi d'utiliser un langage qui rende compte au mieux des sentiments qu'il veut exprimer.

## 1 LE LANGAGE, FACTEUR DE DIFFÉRENCIATION SOCIALE

### A ► LA LANGUE DU PEUPLE

Il est difficile de parler de langue populaire dans une pièce où les valets s'efforcent de parler comme les maîtres et où les maîtres ne parviennent pas à parler comme des domestiques. On peut noter cependant les jurons des valets (cf. « Vertuchoux » , I, 1) ; Arlequin utilise un vocabulaire familier (« trinquer » I, 10 ; « guignon »,III, 1). Mais ce sont surtout les **expressions imagées ou proverbiales** qui le caractérisent ; il les accumule comiquement : « Qui ? notre père ? ah, le bon homme, nous l'avons dans notre manche ; c'est [...] la meilleure pâte d'homme » (III, 7) ; « c'est là le diable de me connaître, vous ne vous attendez pas au fond du sac. » (III, 6).

### B▶ LA POLITESSE DES MAÎTRES

Le langage des maîtres est moins caractéristique. Lorsque Dorante arrive, déguisé en valet, il se présente ainsi : « j'appartiens à monsieur Dorante, qui me suit, et qui m'envoie toujours devant vous assurer de ses respects, en attendant qu'il vous en assure lui-même. » (I, 6) ; cette phrase se caractérise par sa **longueur et la complexité** de sa syntaxe ; ce n'est pas le langage d'un valet?; et monsieur Orgon ironise : « tu fais ta commission de fort bonne grâce ». La **politesse et la modestie** semblent aussi caractéristiques ; s'adressant à son père, Silvia emploie aussi un ton cérémonieux pour demander : « Mais si j'osais, je vous proposerais sur une idée qui me vient, de m'accorder une grâce qui me tranquilliserait tout à fait » (I, 2).

### C▶ DES RÈGLES SUBTILES

D'autres nuances sont plus subtiles, et difficiles à apprécier avec la distance. Mario reproche à « Bourguignon » l'expression « avoir du goût pour » : « où prenez-vous vos termes ? [...] cela imite l'homme de condition » (III, 2) Quant à Lisette elle s'est fait quereller sur l'usage du mot « surprise » : « ces gens-là ne savent pas la conséquence d'un mot » (II, 11). **La langue trahit donc celui qui parle** ; et Silvia s'étonne à juste titre : « Qui es-tu, toi qui me parles ainsi ? » (I, 7).

## 2 UN USAGE SOCIAL : L'ESPRIT

### A▶ UNE PRATIQUE SOCIALE ESSENTIELLE

Pour s'insérer dans le monde, il faut donc avoir de **l'esprit**. C'est le premier argument de Silvia : « Lisette a de l'esprit, Monsieur, elle pourrait prendre ma place pour un petit peu de temps » (I, 2). Il ne s'agit pas là d'intelligence, mais de **la capacité à donner un tour brillant à la conversation.** Cette aisance suppose une attention de tous les instants ; elle est donc réservée aux oisifs et interdite aux domestiques ; Mario le précise : « entre gens comme vous, le style des compliments ne doit pas être si grave, vous seriez toujours sur le qui-vive » (I, 6) ; lorsqu'il défend à Dorante « d'avoir tant d'esprit. », il parle par jalousie, mais aussi par esprit de caste. L'esprit suppose également une culture, ou du moins un répertoire à disposition ; Mario provoque ainsi « Bourguignon » : « vous avez pillé cette galanterie-là quelque part. » (I, 6). Faute d'esprit, on court le risque d'être « ridicule » dans le monde : *Ridicule*, le film de Patrice Lecomte, permet d'appréhender le rôle de cet esprit dans la société du XVIII$^{e}$ siècle.

## B ▶ L'ART DE LA REPRISE

L'esprit se fonde d'abord sur la prise en compte de l'interlocuteur. **Il s'agit de reprendre « au vol » un mot ou une tournure**. Ainsi, lorsque Silvia dit à son frère : « je veux que Bourguignon m'aime. » (I, 6), Dorante reprend : « Tu as tort de dire je veux, belle Lisette, tu n'as pas besoin d'ordonner pour être servie. » ; de cette façon, il répond à l'amabilité de « Lisette » ; et sous couvert de rectifier une expression, il souligne hyperboliquement le caractère fatal de la beauté de la jeune fille. Le procédé pourrait sembler artificiel, mais toute sa force réside dans la rapidité de la réaction : aussitôt après, Dorante reprend l'accusation de « vol » de Mario : « Vous avez raison, Monsieur » ; mais au lieu de l'aveu supposé, il achève la phrase par une galanterie : « c'est dans ses yeux que je l'ai prise. »

La reprise aboutit donc à **une profonde modification du propos initial**. En disant que « tous les valets qui [l']ont vue » ont été intimidés, Silvia voulait signifier qu'elle se situait au-dessus d'eux dans l'échelle sociale ; en ajoutant que ce doit être aussi « l'histoire de tous les maîtres », Dorante en fait un compliment de plus sur la beauté irrésistible de « Lisette ». Le « trait » qu'apprécie ici Silvia est encore plus flagrant quelques lignes plus loin dans le double parallélisme : « tu peux te passer de me parler d'amour, je pense ? — Tu pourrais bien te passer de m'en faire sentir, toi. — [...] laisse là ton amour — Quitte donc ta figure. »

## C ▶ L'ÉLÉGANCE DE L'EXPRESSION

**Une formulation raffinée** peut aussi être un trait d'esprit. On peut ainsi relever des métaphores (« ton petit traité » I, 7) ; le ridicule d'Arlequin n'est que dans l'usage immodéré qu'il en fait. On notera aussi des gradations (« une âme glacée, solitaire, inaccessible » I, 1), des chiasmes (« on a plus souvent affaire à l'homme raisonnable qu'à l'aimable homme » I, 1), des hyperboles (« Mon malheur est inconcevable, tu m'ôtes peut-être tout le repos de ma vie » II, 9), des antithèses (« je me console d'y perdre parce que tu y gagnes » I, 7).

On peut aller, dans une reprise, jusqu'à **jouer sur les mots**, par exemple sur la polysémie du mot « fortune » (« destinée » ou « biens », I, 7) ou sur le verbe « dire » (« il ne me le dit plus, il fait que me le répéter. » III, 3).

## 3 LE LANGAGE DES SENTIMENTS

### A▶ LE LANGAGE COMME MENSONGE

Une telle science du langage n'a évidemment pas pour but la sincérité, mais au contraire la **dissimulation de tout ce qui pourrait être un obstacle pour la vie sociale**. Lorsque Lisette émet des soupçons sur l'influence de « Bourguignon », Silvia s'indigne peut-être sincèrement : « son valet a bien affaire ici ! » ; mais ses dénégations deviennent ensuite des mensonges patents (« j'ai soin que ce garçon me parle peu » II, 7). Elle ose dire « sans difficulté » qu'elle n'éprouve aucun sentiment pour Dorante, alors qu'elle vient de noter : « J'ai besoin à tout moment d'oublier que je l'écoute » (II, 9). L'essentiel est de ne pas avouer : elle dit clairement à Dorante : « quand tu l'aurais [mon cœur], tu ne le saurais pas, et je ferais si bien que je ne le saurais pas moi-même » (II, 9). Il est difficile d'être plus lucide dans l'aveuglement.

### B▶ LE LANGAGE COMME TRAHISON

Cependant, **à force de parler, on finit par se trahir**. Ainsi à propos du sujet anodin de son « maître », Silvia fait remarquer à « Bourguignon » : « il faut qu'il ait du mérite puisque tu le sers » (I, 6) ; Dorante a évidemment l'esprit de souligner cet aveu et il conduit Silvia à confirmer son « imprudence ». Un peu plus tard, elle exige de passer au vouvoiement et doit avouer qu'un tutoiement plus tendre lui « a échappé » (II, 9).

Mais c'est surtout lorsqu'elle se défend désespérément, utilisant toutes les ressources de sa rhétorique, que Silvia laisse échapper par le ton qu'elle emploie les sentiments qu'elle éprouve. Sa logorrhée constitue en soi un aveu (II, 11).

### C▶ LE LANGAGE COMME VÉRITÉ

Quand on peut enfin avouer ou s'avouer la vérité, le langage change. Lorsque Dorante va se démasquer, Silvia veut **abandonner tous les artifices de l'esprit** : « ce n'est pas à ton cœur à qui je parle, c'est à toi. » ; dans l'urgence, son discours se réduit à quelques mots pressants. Et on connaît la limpidité de son aveu soulagé : « Ah ! je vois clair dans mon cœur. » (II, 12). Ensuite elle parle d'abondance de son bonheur : le langage rejoint les sentiments ; Mario lui en fait la remarque : « Que ton cœur a de caquet, ma sœur » (III, 4).

Mais Silvia n'a pas répondu à la sincérité de Dorante à l'acte II. C'est que Dorante avait encore pour elle le ton qu'un maître emploie avec une soubrette, même s'il l'aime. Si Silvia s'était « déclarée », il leur aurait fallu revenir aux élégances de l'esprit et du langage des salons. En travestissant son discours pour manipuler celui qu'elle aime (III,8), Silvia l'aide **à passer du langage conventionnel à celui des sentiments** qui transcende les règles.

### CONCLUSION

Le marivaudage, tel que nous l'avons observé, correspond donc d'abord à un état de la langue, à des conventions sociales que Marivaux reproduit, mais dont il n'est pas responsable. Il est aussi cette recherche d'une adéquation du langage aux sentiments, au-delà de toutes les règles sociales, ce qu'un critique a appelé « un voyage au monde vrai ».

# IV MAÎTRES ET VALETS

Deux jeunes gens échangent leur costume et leur condition, « pour un peu de temps », avec leur domestiques. C'est l'image qu'on retient d'ordinaire du *Jeu de l'amour et du hasard.* Cette substitution signifie-t-elle que maîtres et valets sont si proches qu'il leur est facile d'intervertir leurs rôles ? ou, au contraire, la comédie tire-t-elle sa force comique du caractère improbable, sinon impossible d'un tel travestissement ?

## 1 LES VALETS OBJETS D'AVERSION

### A▶ LE STATUT DES DOMESTIQUES

Si, comme on peut le penser, Dorante et Silvia appartiennent à la bourgeoisie aisée plutôt qu'à l'aristocratie, ils relèvent du même « ordre » que leurs domestiques : le tiers état ; pourtant ils ont le sentiment d'appartenir à un monde absolument différent. **Les domestiques sont en effet profondément méprisés au XVIII$^{e}$ siècle**. Marianne, l'héroïne du roman de Marivaux, dit : « J'aimerais mieux mourir que d'être chez quelqu'un en qualité de domestique [...] je préfère le plus petit métier qu'il y ait, et le plus pénible ». Ainsi, pour limiter l'humiliation que représente sa livrée, Dorante prétend qu'il est « le fils d'honnêtes gens qui n'étaient pas riches » (I, 7) : il n'est domestique que par accident.

« Bourguignon » est d'ailleurs désigné dédaigneusement comme « ce garçon », tout au long de la pièce, et en particulier par Silvia qui parle au contraire de « Dorante » comme de « cet homme » ou « ce jeune homme » (II, 7). Quand elle s'étonne : « Quel homme pour un valet ! » (I, 7), le rapprochement des deux termes est en lui-même paradoxal. Silvia est donc tranquille au début de la pièce : « il y aura quelque chose dans ma physionomie qui inspirera plus de respect que d'amour à ce faquin-là » (I, 5). Et il faudra tout le troisième acte pour que Dorante puisse franchir la distance qui sépare les deux mondes.

## B▶ DES RAPPORTS D'AUTORITÉ ET DE MÉPRIS

Le sentiment de cette distance se manifeste dans la façon dont les maîtres traitent les domestiques. Malgré leur complicité (cf. question 4), Silvia peut aussi parler sèchement à Lisette, l'insulter (« voyez la folle », « la sotte » II, 7) ; Dorante a aussi recours aux **injures** (« butor », « misérable », « maraud », coquin », « insolent »), mais également aux **coups de bâton** (III, 1). D'ailleurs, dès que les domestiques jouent les maîtres, ce sont les ordres et les reproches qui signalent leur nouveau rôle : « Et moi, je vais à ma toilette ; venez m'y coiffer, Lisette, pour vous accoutumer à vos fonctions ; un peu d'attention à votre service, s'il vous plaît..» (I, 3).

On peut aussi noter la **condescendance** avec laquelle Mario traite « Mons Bourguignon » (« Il n'est pas mal tourné au moins » I, 6), ou le mépris avec lequel il lui ordonne de renoncer à « Lisette » dont il veut faire sa maîtresse.

## C▶ UNE HAINE DE CLASSE ?

**On ne peut pour autant parler de haine de classe** entre maîtres et domestiques. Il est certain que les termes qu'emploie Silvia sont très forts : « y a-t-il rien de plus haïssable que cette fille-là ? », « je la hais » (II, 11) ; mais Silvia est violemment bouleversée ; elle ne peut faire porter à son frère, et encore moins à son père, la responsabilité de ce qu'elle éprouve ; Lisette est évoquée à point nommé, assez proche pour constituer un exutoire commode, et assez éloignée pour que ce soit sans risque.

Il est vrai que dans son monologue de l'acte II (II, 8), Silvia se plaint : « avec quelle impudence les domestiques ne nous traitent-ils pas dans leur esprit ? comme ces gens-là vous dégradent ! » Mais là encore elle détourne le problème. Lisette vient de l'obliger à voir en face les sentiments qu'elle éprouve pour Dorante. Au lieu de se remettre en cause, Silvia accuse l'impudence des domestiques, dans une généralisation qui lui évite d'examiner ce que Lisette vient de lui dire en particulier. Lorsqu'elle voit arriver « Bourguignon », elle semble oublier que « le pauvre garçon » appartient à une classe haïe.

## 2 LE JEU DE LA SUBSTITUTION

### A► UN TRAVESTISSEMENT FACILE

Les domestiques, de leur côté, ne semblent **pas du tout convaincus qu'il existe un fossé** profond entre leurs maîtres et eux. Pour Lisette, Silvia et elle sont deux filles à marier et Silvia a tort de ne pas se comporter comme les autres (cf. question 4). Arlequin considère aussi que sa livrée ne signifie rien : il fait dire à « la fille d'Orgon » : « chacun a son nom dans la vie, chacun a son habit » (III, 7).

Ainsi, à force de côtoyer leurs maîtres, les valets ont le **sentiment de pouvoir les imiter** sans mal. Lisette essaie son nouveau rôle avec assurance devant un monsieur Orgon goguenard. Quant à Arlequin, il est naïvement ravi de son entrée catastrophique : « Eh bien, Monsieur, mon commencement va bien ; je plais déjà à la soubrette » ; et au dernier acte il ne voit aucun obstacle qui pourrait l'empêcher de « passer à la table en dépit du sort qui ne [l']a mis qu'au buffet ».

### B► UNE SUBSTITUTION IMPOSSIBLE

Cependant l'incongruité de la substitution apparaît aussitôt. **Leurs caractères mêmes dénoncent socialement les domestiques**. Arlequin est gourmand et avide de plaisirs et c'est aussi le plaisir que Lisette attend du mariage : « Un mari ? c'est un mari ». En revanche Dorante et Silvia hésitent entre le cœur et la raison ; jamais aucune sensualité n'est perceptible dans leur conversation ; et même Mario, qui veut une maîtresse, ne parle que de l'amour qu'il éprouve pour elle.

On comprendrait plus facilement que **les domestiques ne maîtrisent pas les règles de politesse** (I, 9) ou les subtilités de la conversation (II, 3 ; cf. question 17). Ils n'ont pas reçu l'éducation qui les y préparerait. Cependant, pour Marivaux, cette aisance sociale semble innée. Les maîtres s'étonnent de se trouver mutuellement des qualités incongrues chez les valets : ils en viennent même à imaginer par plaisanterie une bâtardise distinguée (I, 7).

### C▶ UN CONTREPOINT ÉCLAIRANT

Dans plusieurs scènes, les valets cherchent donc à imiter leurs maîtres. La grossièreté d'Arlequin (I, 10) fait écho à la politesse de Dorante ; la scène d'amour des valets (II, 3) renvoie à la rencontre des deux maîtres (I, 7) ; l'agenouillement d'Arlequin aux pieds de Lisette (II, 5) annonce même celui de Dorante (II, 9). Mais les uns et les autres ne disposent pas du même traitement : on assiste à la rencontre des maîtres déguisés (I, 6-7) ; celle des valets a lieu pendant l'entracte (cf. question 17). Au lieu des deux longues scènes dont disposent les maîtres aux deux premiers actes, Lisette et Arlequin n'en ont qu'une, interrompue successivement par Dorante et Silvia. **On ne s'intéresse pas aux valets pour eux-mêmes, mais dans la mesure où ils éclairent le comportement des maîtres.**

Cet éclairage peut être satirique. Dès la deuxième scène, Lisette caricature les propos de Silvia en les résumant pour son père, dans une évidente intention malveillante. Le masque et la gestuelle codifiée d'Arlequin dénoncent les masques et les codes de conduite de la vie mondaine. Mais, en montrant qu'il ne suffit pas d'appliquer des recettes pour être un honnête homme, **les valets justifient la hiérarchie sociale** : ce n'est pas l'habit qui fait le maître, mais des qualités intellectuelles et morales auxquelles les valets ne sauraient prétendre.

## 3 UNE PIÈCE RÉVOLUTIONNAIRE ?

### A▶ LES REVENDICATIONS DES VALETS

Les valets sont pourtant persuadés du contraire. La réflexion de Lisette (« Si j'étais votre égale, nous verrions. » I,1) sonne comme **une revendication.** Et Arlequin s'en prend violemment à Dorante : « Par la ventrebleu, voulez-vous gager que je l'épouse avec la casaque sur le corps, avec une souguenille, si vous me fâchez ? » Et il ajoute : « je veux bien que vous sachiez [...] que je n'ai pas besoin de votre friperie pour pousser ma pointe. » Qu'on ne voie dans cette expression qu'une référence à l'escrime ou une allusion plus grivoise, l'agressivité d'Arlequin est évidente.

### B▶ LE RETOUR À L'ORDRE

Mais cette violence ne se manifeste qu'au moment où Arlequin joue à manipuler Dorante ; est-elle plus sincère que la bonhomie qui apparaît dans la réplique suivante à propos de monsieur Orgon ? Par ailleurs **les**

**domestiques se montrent soumis**. Lisette avertit son maître lorsqu'elle a l'impression de transgresser les règles hiérarchiques. Et l'arrivisme d'Arlequin est très individualiste : pourvu qu'on lui permette de tenter sa chance, il est prêt à « aller chercher le bâton », symbole de la soumission des domestiques.

Aussi, **à la fin de la pièce, tout revient « dans l'ordre »** ; et, passée une brève déception, les valets en semblent satisfaits?: « va, le mal n'est pas grand, consolons-nous » (III, 7) ; « vous avez perdu votre rang, mais vous n'êtes pas à plaindre » (III, 9).

### C▶ UNE COMÉDIE QUI ÉCHAPPE AU MONDE RÉEL

Faut-il donc conclure que Marivaux est conservateur ? En fait **la pièce** qu'il a écrite **ne s'inscrit pas dans une réalité sociale précise**. On ignore à quel milieu appartiennent exactement Dorante et Silvia. La distance entre le maître et le valet a surtout une fonction dramatique : elle est l'obstacle que les jeunes gens doivent vaincre pour découvrir la richesse de leurs sentiments. Marivaux ne s'interroge pas sur son équité.

D'ailleurs, **Arlequin** n'est pas seulement un valet. Il **est d'abord un type théâtral**. Ses balourdises font partie de son personnage au même titre que son masque. Et c'est bien en tant qu'Arlequin que Lisette l'identifie (III, 6 ; cf. question 35), et non comme un valet banal. On peut aussi remarquer que le passage le plus pathétique sur la condition des domestiques est la tirade de Silvia dont nous avons vu ailleurs les rapports difficiles avec Lisette : ce plaidoyer n'a qu'une valeur métaphorique et dramatique (cf. question 38) ; il est à l'image de la façon dont sont traités les valets dans toute la pièce.

### CONCLUSION

*Le Jeu de l'amour et du hasard* n'invite donc pas à une lecture politique. La pièce s'adresse à un public plus bourgeois que populaire ; elle ne prétend pas remettre en cause un préjugé social profondément ancré dans les mentalités. Sur la scène comme dans la vie la place des domestiques est fonction de celle des maîtres. Pourtant le simple fait d'avoir envisagé pareille permutation suggère qu'elle est possible. Au théâtre, le hasard fait bien les choses ; en serait-il de même dans la réalité ? Cette aventure singulière montre un monde où les rapports sociaux commencent à s'ébranler, sans qu'on veuille le voir.

# ■ BIBLIOGRAPHIE


## 1. ÉDITIONS

Marivaux, *Théâtre complet*, éd. F. Deloffre et F. Rubellin, Dunod, « Classiques Garnier », t. I, édition révisée en 1996.

Marivaux, *Théâtre complet*, éd. H. Coulet et M. Gilot, Gallimard, « Bibliothèque de la Pléiade », t. I, 1993.

*Le Jeu de l'amour et du hasard*, éd. V. Géraud, Bordas, « Classiques Bordas », 1995.

*Le Jeu de l'amour et du hasard*, éd. M. Gilot, Larousse, « Classiques Larousse, 1991.

*Le Jeu de l'amour et du hasard*, éd. M.-T. Ligot, Pocket, 1994.

*Le Jeu de l'amour et du hasard*, préface de C. Naugrette-Christophe, éd. établie et annotée par J.-P. Sermain, Gallimard, « Folio », 1994.

*Le Jeu de l'amour et du hasard*, préface de J. Lassale, commentaires et notes de P. Pavis, Le Livre de Poche, 1985.

*Le Jeu de l'amour et du hasard*, éd. D. Thamin, Hachette, « Classiques Hachette », 1993.

## 2. OUVRAGES GÉNÉRAUX SUR MARIVAUX

H. Coulet et M. Gilot, *Marivaux, un humanisme expérimental*, Larousse, « Thèmes et textes », 1973

F. Deloffre, *Une préciosité nouvelle, Marivaux et le marivaudage*, Paris, Les Belles Lettres, 1955.

## 3. OUVRAGES PORTANT SUR *LE JEU DE L'AMOUR ET DU HASARD*

C. Eterstein, *Le Jeu de l'amour et du hasard, Marivaux, analyse critique*, Hatier, « Profil d'une œuvre », 1984

F. Rubellin, *Marivaux dramaturge, La Double Inconstance, Le Jeu de l'amour et du hasard*, Champion, 1996.

# ■ SOMMAIRE



*Aubin Imprimeur*
LIGUGÉ, POITIERS

Achevé d'imprimer en septembre 1999
N° d'impression L 58987
Dépôt légal septembre 1999
Imprimé en France